H. T Luks

Kleiner Führer für die Rhein-Reise von Köln bis Mannheim-Heidelberg

Nach der zwölften Auflage

H. T Luks

Kleiner Führer für die Rhein-Reise von Köln bis Mannheim-Heidelberg
Nach der zwölften Auflage

ISBN/EAN: 9783743395510

Hergestellt in Europa, USA, Kanada, Australien, Japan

Cover: Foto ©Andreas Hilbeck / pixelio.de

Weitere Bücher finden Sie auf **www.hansebooks.com**

Grieben's Reise-Bibliothek No. 75.

Kleiner Führer

für die

RHEIN-REISE

von

Köln bis Mannheim-Heidelberg.

Nach der

zwölften Auflage

des grösseren Reise-Handbuchs

von

H. T. Luks

Major a. D.

Mit Illustrationen und der Karte des Rheinlaufs.

Berlin, 1879.

Verlag von Albert Goldschmidt.

Sämmtliche Anführungen, Empfehlungen und Auszeichnungen in den Führern aus Grieben's Reise-Bibliothek werden vollständig kostenfrei — einzig und allein im Interesse des reisenden Publikums — gegeben. Solche Empfehlungen sind in keiner Weise käuflich, noch durch Beeinflussungen irgend welcher Art zu erlangen.

Der einzelnen Führern angehängte Anzeigen-Theil steht Jedem unter den üblichen Insertionsbedingungen zur Verfügung. Die Mittheilung der Erfahrungen auf der Reise, wie Berichtigung etwaiger Irrthümer in dem Buche, sind mir jederzeit willkommen und werden bei Herausgabe der nächsten Auflage in Berücksichtigung gezogen werden.

Für das allgemeine Interesse, welches man den Reiseführern aus Grieben's Reise-Bibliothek in so reichem Maasse zuwendet, spreche ich meinen Dank aus.

Der Herausgeber von Grieben's Reise-Bibliothek.

Albert Goldschmidt.

Vorwort.

Der vorliegende kleine Führer für Rheinreisende
(Nr. 75 aus „Grieben's Reise-Bibliothek") ist ein Auszug
des grösseren Handbuchs für die Rheinreise, einer ganz
neuen Bearbeitung, welche sich wesentlich von den früheren
Auflagen wie auch von ähnlichen Führern unterscheidet.
Dem Führer ist nämlich die genussreichere Reise in
der Richtung von Köln nach Mainz (**stromauf**) — wie
der Rhein von Nord-Deutschland aus auch meistens besucht wird — zu Grunde gelegt. Die Einrichtung im
Buche, dass bei der Beschreibung der Rheinfahrt die
Sehenswürdigkeiten am rechten und linken Ufer im Texte
getrennt und übersichtlich ihrer Reihenfolge nach gegenüber-
gestellt wurden, hat sich als recht praktisch bewährt.

Momente, welche besonderer Beachtung werth sind,
wie auch besonders empfehlenswerthe Gasthöfe, Restaurationen etc. sind durch einen Stern (*) hervorgehoben
worden.

Die Berichtigung etwaiger Irrthümer beliebe man zur
Benutzung für die folgende Auflage einzusenden unter der
Adresse: „**Albert Goldschmidt, Verlagsbuchhändler in
Berlin.**"

Die Redaction von
Grieben's Reise-Bibliothek.

Reiserouten.

Notizen für die Rheinreise.

Eine Rheinreise lässt sich in sehr kurzer Zeit zurücklegen, da die ununterbrochene Eisenbahnfahrt von der Schweiz bis Holland ermöglicht ist. Wer aber wahren Genuss von der Reise haben will, wird an geeigneten Orten Halt machen, abwechselnd zu Fuss wandern, im Wagen, Dampfboot oder auf der Eisenbahn fahren, worüber in den einzelnen Routen dieses Führers die nöthigen Notizen und Winke gegeben sind. — Die schönste Strecke der Rheinlande ist die von Bonn bis Mainz, weshalb für Vergnügungsreisende dort die Dampfbootfahrt der Eisenbahn bei weitem vorzuziehen ist. Einem stets wechselnden Gemälde gleich gleiten die malerischen Punkte an beiden Ufern vorüber. Doch genügt nicht die Fahrt allein, die Fülle von Schönheiten kennen zu lernen: gerade der Blick von den Höhen auf den muntern Strom und so manches in den herrlichen Rheinthälern versteckte schöne Plätzchen muss aufgesucht werden, wenn man den vollständigen Genuss haben will. Darüber ist das Nähere an betreffender Stelle gesagt.

Dampfschiffe. Mehr als hundert Dampfboote mehrerer Gesellschaften befahren den Rhein, die schnellsten Boote fahren stromab in je einem Tage: von Mannheim bis Köln, von Köln bis Arnheim, von Düsseldorf bis Rotterdam; stromauf von Rotterdam bis Emmerich, von Emmerich bis Köln, von Köln bis Mannheim. — Bei schlechtem Wetter und grosser Hitze ist es jedenfalls rathsam, den ersten Platz (*Salon*) zu wählen, weil seine Cajüte mehr Bequemlichkeit und sein Deck durch ein Zeltdach mehr Schatten bietet. Den Reisenden des Salons steht das ganze Verdeck frei; die *Vorcajüte* (zweiter Platz) ist der Vordertheil des Schiffes. Der Fahrplan der Dampfschifffahrt wie der Personen-Tarif wird gratis an allen Bureaux verabreicht. Billets, die weniger als 2 Mark kosten, müssen ohne Unterbrechung benutzt werden; hingegen ermächtigen Billets von höherem Betrage zur Unterbrechung und Wiederaufnahme der Reise auf jeder Station. Man löse die Fahrbillets erst, wenn man das betreffende Boot sieht; des Morgens, namentlich bei Nebelwetter, verspäten sich die Schiffe häufig um mehrere Stunden. Wer das Boot besteigt, ohne vorher ein Billet gelöst zu haben, melde sich sofort beim Conducteur. — Auf den Agenturen werden für die Strecken Köln bis Bonn, Coblenz und Mainz (Castel) etc. Eintags-Hin- und Her-Billets für den Salon zu ermässigten Preisen verkauft. Es bestehen auch billigere Wochen- und Jahresbillets für die Hin- und Rückreise, welche auf allen Booten Gültigkeit haben und streckenweise benutzt werden können, wenn man sie jedesmal beim Verlassen des Schiffes vom Conducteur abstempeln lässt; besser ist's jedoch, sich nicht darauf einzulassen. — 50 Kilgr. *Gepäck* à Person werden frei befördert; will man es nicht selbst überwachen, so wird es verschlossen und pro Stück mit 10 bis 30 Pf. bezahlt. Für den Transport vom Boot in das Hôtel zahlt man für einen Koffer mit Zubehör etwa 50—75 Pf. Für das An- oder Abfahren bei den Stationen, an welchen das Dampfboot nicht anlegt, zahlt man à Person dem Nachenführer 10 Pf. Beim Vorausrsenden des Gepäcks per Dampfschiff (Gepäck s. unten) erhält man einen Schein. — Die *Speisen* und Getränke sind auf den Booten in der Regel gut; table d'hôte um 1 Uhr 2 M. (Gefrorenes wird apart berechnet.) Irrthümer sind auf der Rechnung nichts Seltenes.

Gasthöfe. Die Gasthöfe I. Ranges am Rhein gehören zu den besten, sind aber freilich nicht billig; wer die kleineren Hôtels im Innern der Städte aufsucht, wird nur die halben Ausgaben haben. Erstere berechnen das Zimmer pro Nacht (einzelne wohl auch pro Tag incl. Tag der Ankunft!) etwa mit 1 M. 50 Pf. bis 2 M. 50 Pf., Frühstück 1 M. bis 1 M. 50 Pf., Mittag ohne Wein 2 – 3 M., Licht 60 Pf. bis 1 M., Bedienung (meist in der Rechnung als „service" aufgeführt) 50—75 Pf., wobei jedoch der Hausknecht und der Portier noch ein besonderes Trinkgeld erwarten. — Bei längerem Verweilen in demselben Hôtel verlange man die Rechnung alle 2 bis 3 Tage; bei der Abreise am frühen Morgen des Abends vorher, um Irrthümer, die häufig vorkommen, bemerken und ordnen zu können. Wenn man die einzelnen Posten der Rechnung für richtig befunden, prüfe man auch die Richtigkeit der Addition. Ohne schriftliche Rechnung zu zahlen, ist unter allen Umständen nicht rathsam. — Wer in einer Stadt die Sehenswürdigkeiten nur aufsuchen will ohne zu übernachten, wird das Hôtel leicht entbehren können. Er gehe zu einem Restaurant, gebe das Gepäck dort einem Kellner zur Aufbewahrung, oder falls man auf der Bahn weiterfährt, dem Bahnhofsdiener. — *Lohndiener* erhalten pro Tag 4½ M.

Gepäck. Je weniger Gepäck, um so angenehmer die Reise.

Wer sein ganzes Gepäck selbst vom Dampfboote oder Bahnhofe in das Hôtel tragen kann, ist der freieste Reisende und erfährt nichts von den Unannehmlichkeiten, welche grösseres Gepäck verursacht. Wo solches nöthig scheint, namentlich bei Reisen mit Damen, möge man neben dem Hauptkoffer die für eine Nacht nöthige Wäsche und die unentbehrlichsten Toilette-Gegenstände in eine Handtasche zusammenpacken, damit man das grössere Gepäck (gegen Quittungsschein) per Bahn oder Dampfschiff voraussenden kann, wenn man eine Seitenexcursion machen will (siehe auch oben).

Reiseplan. Man begebe sich nicht auf die Reise, bevor ein wenigstens ungefährer Reiseplan festgestellt ist. Unterwegs sind die Momente selten, in denen man mit Ruhe daran gehen kann, und wenn es geschieht, sind oft schon wichtige Partien versäumt, welche sich nicht mehr einholen lassen.

A. Reiseplan für 3 Wochen.

Die folgende umfassende Rheinreise kann bequem in 3—4 Wochen zurückgelegt werden, wenn nicht ungünstige Witterung oder andere Hindernisse störend wirken. Die Fahrzeit selbst kann bei einer Rheinreise kaum mehr in Anrechnung gebracht werden, da man fast zu jeder Tageszeit des Abganges eines Bootes oder der Bahn an einem der beiden Ufer gewiss sein kann.

B. Reiseplan für 12 Tage.

Der folgende Reiseplan, auf 12 – 11 Tage berechnet, umfasst die Hauptpunkte des Rheins und entspricht der von der Mehrzahl der Reisenden unternommenen Rheinreise. Es müssen hierbei freilich einzelne Partien ausser Acht gelassen werden, die eine Fülle von Naturschönheiten bieten. Es wird nicht schwer fallen, diesen Reiseplan mit Hilfe des Planes A. zu erweitern.

Tage

(Eisenbahn)	*Düsseldorf*	1
do.	*Köln*	1
do.	*Bonn*	½
(Dampfboot)	*Königswinter*, zu Fuss auf den *Drachenfels*	½
do.	*Remagen*, zu Wagen durch das *Ahrthal* .	1½
do.	*Coblenz, Ehrenbreitstein*	1
do.	*Stolzenfels, Bingen*	½
(Eisenbahn)	*Kreuznach, Münster a. St.* und Umgebungen, zurück nach Bingen	1½
(mit Nachen)	*Rheinstein, Assmannshausen*, dann zu Fuss durch den *Niederwald*	1
(Dampfboot)	*Mainz*, Eisenbahn nach *Wiesbaden* . . .	1
(Eisenbahn)	*Frankfurt a. M.*	1
(Eisenbahn)	Ausflug nach *Soden, Königstein, Homburg*	1½
(Eisenbahn)	*Heidelberg*	1

1. Köln.

Bahnhöfe: *Centralbahnhof,* beim Dom, für sämmtliche Züge der Rheinischen Eisenbahn (Crefeld, Cleve, — Aachen, Belgien, — Coblenz, Mainz) und die Courier- und Schnellzüge der Bergisch-Märkischen, so wie der Köln-Mindener Bahn. — *Köln-Mindener Bahnhof* in Deutz für die Pers.- und Güterzüge der Köln-Mindener-, und für die Züge der Köln-Giessener Bahn. — *Bergisch-Märkischer Bahnhof* bei Deutz, für die Pers.- und Güterzüge der Berg.-Märkischen Eisenbahn; von hier Omnibus-Verbindung mit dem Central-Bahnhof und umgekehrt rechtzeitig zum Anschluss an alle Züge.

Landeplatz *der Dampfschiffe der Kölnischen und Düsseldorfer Gesellschaft* zwischen der Eisenbahn und Schiffbrücke beim *Hof von Holland,* durch die neu angelegte Strasse nur 8 Mn. vom Centralbahnhof. Nach Bonn, Coblenz, Mainz alle 8 St.

Dampfschiffe: Nach dem zoologischen Garten 20 Pf.; — 20 Minuten, Lokalboot nach Mühlheim 25 Pf. —

Droschken: eine Fahrt vom Bahnhof innerhalb der Stadt 1—2 Prs. 60 Pf., 3—4 Prs. 100 Pf.; ¹/₂ St. 1—2 Prs. 75 Pf., 3 Prs. 100 Pf., 4 Prs. 125 Pf. — jede Droschke muss einen Tarif haben und mit einer No. versehen sein; auf Letzteres mag man besonders Abends Acht geben.

Omnibus: Die Fahrt nach der Flora, dem zoologischen Garten, Nippes, Ehrenfeld 25 Pf.

Post: Haupt-Postamt Glockengasse No. 25—27, hier nur Brief-, Packet- und Geld-Ausgabe, desgl. Fahrpost-Expedition. — Brief- und Packet-Annahme in der Marzellen-Str. 46—48, Mohren-Str. 41, Joseph-Str. 25 und Hoch-Str. 1.

Packträger erhalten vom Zug zur Droschke für 1 Koffer 20 Pf.; Reisetasche 10 Pf.; vom Dampfboote zur Droschke oder Omnibus 1—2 Stück 20 Pf., jedes weitere 5 Pf., sie verlangen gewöhnlich mehr, daher accordiren.

Gasthöfe: **Hôtel du Nord,* in unmittelbarer Nähe des Centralbahnhofs und des Domes an der Eisenbahngitterbrücke, Post- und Telegraphen-Station im Hôtel, im Sommer stets überfüllt; eigene Bäder, herrschaftliche Hôtelwagen, Pariser Genre mit entsprechenden Preisen, Familien mit grossen Ansprüchen durchaus zu empfehlen. — **Hôtel Disch,* zunächst dem Centralbahnhof, Verkehr des Rheinischen Adels, Familien empfohlen; — **Hof von Holland* ebenfalls I. R. wie die vorigen, am Landungsplatze der Dampfschiffe, daher für die zu Schiffe Reisenden bequem gelegen, die elegante Einrichtung genügt allen Ansprüchen; — **Hôtel du Dome* (Theodor Malz) Domplatz 5, 7, 9, 11, verbunden mit dem *Café du Dome* (Lesesalon mit 65 Zeitungen), Table d'hôte 1 U., Restauration jeder Zeit; in den Tagen der Abonnements-Concerte (Winter) hüte man sich vor den Zimmern in der Nähe des Concertsaals; — **Grand Hôtel Victoria* (F. W Lugenbühl), schönste Lage am Heumarkt, mit der Reiterstatue des Königs Friedrich Wilhelm III.; — **Hôtel Ernst* (F. Kracht) Trankgasse 1 bis 3 und 5, gegenüber dem Dom und nächst dem Centralbahnhof, beliebt; — *Hôtel de Russie* (E. Liebst) Friedrich-Wilhelm-Str. 4. Die meisten haben ihre Wagen auf dem Centralbahnhof und ihre Portiers an der Landebrücke.

Nicht ganz so theuer, aber auch allen Ansprüchen genügend: *Hôtel de l'Europe* (G. Pick), Komödienstr. 2; *Hôtel St. Paul* (J. Wollenhaupt), Fettenhennen 19; *Hôtel Restaurant Germansicher Hof* am Wallrafplatz (W. Engels), mit besonderem Speisesaal für Geschäftsreisende; *Hôtel Museum* und *Hôtel Bavaria*, beide gegenüber dem Museum und denen zu empfehlen, welche Studien im Museum oder Dom machen wollen; *Hôtel Union* (Peters) nicht weit vom Centralbahnhof, namentlich bei Geschäftsreisenden beliebt; *Hôtel Landsberg* (Mittelhäuser); *Strassburger Hof* (A. Demuth) Geschäftsreisenden empfohlen; *Hôtel Fackelmeyer*, beim Dom; *Wiener Hof* (Holzapfel), Glockengasse 6—10 bei den Theatern, Omnibus am Bahnhof; *Hôtel Weber*, Hohestr. gegenüber dem Augustiner Platz, Omnibus am Bahnhof; *Hôtel Laacher-Hof*, beim Neumarkt, altes renommirtes Haus, sehr beliebt und zu empfehlen; *Tils Hôtel zum Bergischen Hof*, Thurmmarkt 4 und 5; *Hôtel Kaufmann*, für Israeliten; *Hôtel Heuser*, in der Mitte der Stadt, St. Agatha 12, Logis und F. 2 M. und 2,25 M.

Restaurants und Weine: *Centralbahnhof* und auf den beiden Deutzer Bahnhöfen, besonders Denjenigen zu empfehlen, welche nicht in Köln über Nacht bleiben wollen; *Gertrudenhof*, mit sehenswerther Einrichtung; *Johnen*; *Böhmer*; *Mosler*, Hoflieferant; Restauration à la Carte, Diners und Soupers; *G. Bettger & Co.*, Austern Salons, Maurischer Salon; *Antonetti* Komödienstr. 8, verbunden mit Gartenwirthschaft: „*Ewige Lampe*"; *Noack*, im Gürzenich; *Heuser*; *Fischer* in der Passage, auch Bier.

Bier-Restaurants: *Elsässer Taverne*, Laurenzplatz 2, im Mittelpunkte der Stadt; — *Altenkirchen*, Herzogstr. 4; — *Werny-Wanscheidt*, Salomongasse 80; — *Massau*, kl. Sandkaul 7; — *Mainzer Actien-Brauerei*, Herzogstr. 7; — *Kehl*, Elogiusplatz 5; — *Horn*, am Hof 12, angenehmer Aufenthalt; — *Fischer* in der Passage; — *Daniels*, gr. Budengasse u. a. m.

Israelitische Restauration: *Hôtel Mayer*, Andreas-Kloster 2.

Cafés: *Mosler*, Obermarspforten 15; — *Café du Dome*, s. oben; — *Palant*. Hochstr. 119, reichhaltiges Lese-Cabinet; — *Fischer*, in der Passage, s. oben; — *Börse*, am Heumarkt, reiche Auswahl an Zeitungen. — Im *Stadttheater*.

Conditoreien: *Mosler*, sehr empfehlenswerth: — *Maus*, Hutmacher 27, auch Diners und Soupers.

Bäder: von *Th. A. Nettesheim*, unterhalb des Trankgassenthors; — *Rheinbäder* (A. Nolden & H. Rohmann), Schwimmunterricht für Damen; — *Lemnary Bollen*, Hochstr. 64; — *Schwimmbassin und Zellenbäder*, bei Schieffer, vor dem Hôtel Bellevue in Deutz.

Lese-Cabinete: *Casino*, Einführung durch Mitglieder; *Hôtel du Dome*, ca. 60 Blätter, am Dom; *Café Palant*; Erholung, Marienplatz 8; *Collége*, Hochstr. 75: *Lese-Cabinet*, Neumarkt; *Freimaurer-Loge*, Apostel-Kloster 13; *Militair-Casino*, Neumarkt.

Theater: Städt. Theater, täglich Anfang 7 Uhr; Thalia-Theater, Schildergasse, Lustspiele, Vaudevilles (auch Schauspiele): desgl. bei *Mosler* im Gertrudenhof; *Kölner Sommertheater* bei der Flora; *Kölner Henneschen Theater* in Kölner Mundart.

Wachtparade: auf dem Neumarkt täglich 11½, Sonntags 12 Uhr Militair-Musik.

Permanente Industrie-Ausstellung: Glockengasse 3, täglich von 8 Uhr Morgens bis Eintritt der Dunkelheit, Entrée 25 Pf. — *Kunstgegenstände* aller Art beim Antiquar Heberle, grosse Budengasse.

Sammlungen: Das *Wallraf-Richartz-Museum*; Eintritt an Sonn- und Feiertagen und Mittwoch von 9—1 Uhr frei, sonst 75 Pf., Katalog 125 Pf. Im Sommer von 9—6, im Winter von 9—4 und an Sonn- und Feiertagen von 10—3 geöffnet; das *erzbischöfliche Museum*, der Südseite des Doms gegenüber, Entrée 50 Pf.. Sonn- und Feiertags 25 Pf., von 10—1 Uhr.

Zoologischer Garten: Der Besuch ist von Morgens bis Abends gestattet. Nicht-Actionäre zahlen für die Person 20 M. pro Jahr. Fremde für einen Besuch 1 M. Im Monats-Abonnement 6 M. An Sonn- und Feiertagen pro Person 1,2 M. Kinder unter 12 Jahren die Hälfte. — Mittwoch Nachmittag gewöhnlich Militair-Concert. — Gute Restauration. -

Botanischer Garten Flora, täglich geöffnet, Eintritt 1 M.

Rollschlittschuh-Bahn, am Flora-Theater, täglich Concert.

Warnung. Beim Dom wird der Fremde zuweilen zur Besichtigung des Dom-Modells oder anderer untergeordneter Sehenswürdigkeiten von Kommissionären veranlasst. Man vermeide diese unter verschiedenen Formen sich anbietenden Herren, die es natürlich nur auf ihr eigenes Interesse abgesehen haben. **Wanderplan.** Bei beschränkter Zeit ist folgende Tour zu wählen: Dom mit äusserem Chorumgang; Wallraf's Museum; mit Droschke zu den Kirchen St. Gereon, St. Aposteln und St. Maria im Capitole, zum Heumarkt mit der Reiterstatue Friedrich Wilhelm III., zum Rathhause und zur neuen Rheinbrücke.

Für einen Tag: Morgens von 7—10 sind die Kirchen in der Regel geöffnet, von 10 Uhr ab ist der Dom zu besichtigen, Mittags das Museum, Gürzenich, Rathhaus (Aeusseres). Nachmittags: Rheinbrücke und mittelst Omnibus oder Droschke nach dem zoologischen Garten und der Flora.

Für die Besichtigung sämmtlicher Sehenswürdigkeiten sind etwa 4 Tage erforderlich.

Zur Orientirung. Der Dom dehnt sich von W. nach O. nach dem Rhein zu aus, und seiner Nordfront gegenüber liegt der Centralbahnhof. Die Namen der Strassen, welche mit dem Rhein parallel laufen, sind an den Strasseneckeu *schwarz*, die Namen der Strassen, welche zum Rhein führen, *roth* angeschlagen; die geraden Nummern liegen auf der einen, die ungeraden auf der anderen Seite der Strasse.

Köln, Hauptstadt der preuss. Rheinprovinz, mit 150,000 Einw. (incl. 7000 Mann Besatzung), ist in 12 Sectionen eingetheilt, und bildet einen Kreis für sich. Köln ist einer der wichtigsten Handelsplätze des deutschen Reichs und eine Festung ersten Ranges. Halbmondförmig dehnt die Stadt sich am linken Rheinufer aus, und ist durch eine Schiff- und eine Eisenbahngitterbrücke mit ihrem Brückenkopf, dem 12,000 Einw. zählenden *Deutz,* verbunden. Düstere Strassen aus alter Zeit fallen dem Fremden auf, obgleich in neuerer Zeit für Neubauten, besonders in der Nähe des Central-Bahnhofs, viel gethan ist.

Der weltberühmte kath. *DOM,* dessen gewaltige Masse die Stadt hoch überragt, ist das grösste Bauwerk des Landes. Der *Grundriss* zeigt klar ausgeprägte Kreuzform; 5 Langschiffe von drei Querschiffen durchschnitten, der Chor siebenseitig mit sieben Capellen zu einem Kranze verbunden. Die ganze äussere Länge misst 150,3 M., die innere Länge 136,11 M., die Breite 46,7 M.; das Querschiff ist im Innern 76,7 M. lang.

Besichtigung, mit Ausnahme des Gottesdienstes (in der Woche 9—10 Vm. und 3—3½ Nm.) ist das Lang- und Querschiff den ganzen Tag für Jedermann geöffnet.

Kosten. Für das Oeffnen des Aufgangs zum obern Chorumgang um den äussern Dom und auf den Domthurm löst man *Karten zu 1 Mk.* à Person, sowie für Besichtigung des Chors, der Chorkapellen, des Dombildes und der Reliquien *Karten zu 1½ Mk.* à Person. (Siehe oben die Warnung.)

Der Dom wurde ursprünglich vom Erzbischof Hildebrand im J. 816 gestiftet, nach dem Brande von 1080 erneuert und eine gänzliche Umgestaltung vom Erzbischof Conrad von Hochstaden 1248 beschlossen und die Grundsteinlegung vollzogen. Der Plan soll nach Einigen von dem berühmten Dominikaner *Albertus Magnus* herrühren, neuere Forschungen nennen aber Meister *Gerhard von Rile* als den Verfertiger des Plans.

1*

Fenster der Nordseite (links). *Glasmalerei aus dem 16. Jahrhundert.
Fenster der Südseite (rechts) schenkte bis auf eins König Ludwig I. von
Baiern, das sechste stifteten Freunde von Görres.

Durch das Eisengitter in den Rundgang, der zwischen den
Kapellen und dem hohen Chor hinführt. Rechts Erzbischof
Clemens August von Droste-Vischering, wegen Widersetzlichkeit
vom Amt suspendirt 1837, † 1843. Kolossale Marmorbüste.
Links gegenüber die Sakristei, in derselben das *Sacramentarium.*
Die *Schatzkammer:* Reliquienschrein des heil. Engelbert, von
getriebenem Silber. 75½ Kilo schwer; eine Monstranz, 7½ Kilo;
das Jurisdictions-Schwert der köln. Erzbischöfe; zehn Elfenbein-
schnitzwerke; die grosse Monstranz aus gediegenem Golde, 5,9
Kilo schwer; erzbischöfliches Brustkreuz und Brillantring (60,000
Francs) u. s. w.

Chorkapellen: Engelbertus-, Maternus-, Johannis-, Drei
Königen-, Agnes-Kapelle, diese mit dem berühmten *Dombilde*
(verschlossen) von Göthe die „Achse der niederländischen Kunstgeschichte" genannt: Anbetung der Könige, mit St. Gereon und
St. Ursula, 1410; die Michaelis-, Stephans-Kapelle.

Im sogen. „Muttergottes-Chörchen" *Overbeck's Himmelfahrt
Mariae (dem Dom vom Düsseldorfer Kunstverein geschenkt, der
es für 7000 Thlr. erworben).

Beim Eintritt in das *südliche Querschiff* (links) an einem
Pfeiler das 3 M. hohe Standbild des heiligen Christoph, Hand-
werksburschen-Wahrzeichen, aus dem 16. Jahrhundert; 96 holz-
geschnitzte Chorstühle aus dem 14. Jahrh.

Von den *Chorumgängen,* Eingang am äussersten Eckpfeiler
rechts neben dem Südportal (243 Stufen), übersieht man das
Innere der Kirche, und wandelt ausserhalb durch einen Bogen-
wald einzelner Architektur-Theile, deren nähere Besichtigung
dem Beschauer erst einen Maassstab für die Grossartigkeit des
Bauwerks gibt.

Von dem *äusseren Chorumgang* und dem mittleren Thurm
mit offener Gallerie sehr schönes Panorama der Stadt und der
Umgebung (Siebengebirge).

Das **Erzbischöfliche Museum**, gegenüber dem Südportal
des Domes, enthält kirchliche Gegenstände aller Art. (Eintritt
50 Pf., Sonntags 25 Pf.) Die Sammlung bietet dem Laien wenig
Interesse.

Vom Hauptportal des Domes schräg links, über den Wallrafsplatz, dann in die erste Strasse rechts nach dem

Wallraf-Richartz-Museum (Eintritt s. S. 2.), zu dessen Bau
der Commerzienrath Richartz († 1861) 232,000 Thlr. gespendet.
Erbaut von J. Felten 1855—1861 im goth. Stil. Den Grundstein

legte König Friedrich Wilhelm IV. An der Hauptfaçade des Gebäudes befinden sich elf Standbilder.

Wallraf-Richartz-Museum in Köln.

Im *Erdgeschosse* rechts neben dem Eingang: römische Alterthümer, *I. Saal* Statuen, Büsten, Gypsabgüsse bekannter Antiken, Laokoon, Grabdenkmäler. Dahinter Münzsammlung, Gemmen, Schnitzwerke. — Kupferstiche, Handzeichnungen und Manuscripte. — Links alte Waffen und Rüstungen, und in den übrigen Räumen Gegenstände des Kunsthandwerks, namentlich Glasmalereien (Vermächtniss der Gebr. Boisserée). Im unteren Kreuzgange Mosaikböden, Sarkophage und Sculpturen u. s. w. aus dem Alterthum. Links in 6 Sälen interessante Sammlung von Bildern der alten köln Malerschule. (Die Gemälde der verschiedenen Schulen fangen stets mit 1 an, die Nummern gehen nicht durch die ganze Sammlung.) a. Gothische Bilder. b. Meister Wilhelm und seine Schule, c Meister Stephan und seine Schule.

Im *Treppenhause* *Frescomalereien von Steinle: Die Kunstgeschichte Kölns zur Zeit der Römer, des Mittelalters und der Renaissance. (Erklärung dieser *berühmten Bilder* hängt in der Mitte der Treppe.)

Durch die Mittelthür in den sog. *Empfangssaal*. Rheinalbumbilder von *Casp. Scheuern*, Düsseldorf. — Modell der Reiterstatue Friedr. Wilh. IV. für die Rheinbrücke. Rechts und links vom Empfangssaal sowie in einem 3. Zimmer rechts neben dem Treppenhause *Niederländische Schule*; weiter links die *Italienische Schule* und dahinter die *Französische Schule*, in diesen beiden Bilder von untergeordneter Bedeutung. Im Saale links neben dem Treppenhause: Sammlung *neuer Bilder*. In dem westlichen Theil des Gebäudes befindet sich die Ausstellung des Kölner Kunstvereins mit wechselnden Bildern.

Kehrt man von hier zurück bis auf den Wallrafsplatz, und geht (nicht l. nach dem Dom) r. in die *Hochstrasse*, bei der *Minoritenstrasse* vorbei, so kommt man nach wenigen Schritten zum rotundenförmigen Eingang der **Passage**, wo es sich empfiehlt, die eleganten Läden zu besichtigen und bei *Fischer* zu rasten.

Die **sehenswerthesten Kirchen** sind am Besten in folgender Reihenfolge zu besuchen.

St. Cunibert, am Rhein, im bizant.-maur. Stil, 1248 eingeweiht.

*St. *Ursula*, mit dem Grabmal der heil. Ursula.

Jesuitenkirche, mit guten Altarbildern und geschnitzten Chorstühlen.

St. Andreas-Kirche mit dem Reliquienkasten der Maccabäer und den Gebeinen des Albertus Magnus († 1280).

*St. *Gereon*, (vor 9 Uhr Morgens), merkwürdiger Bau des 11. Jahrh. — Im Schiffe gute Gemälde, röm. Grabsteine und beachtenswerthe Krypta. (Für 1—3 Pers. 1 M.)

*St. *Apostelkirche*, im byzantin. Stil, aus dem 11. Jahrh. Beachtenswerth ist auch der *Friedhof zu Melaten*, wo den 1870/71 gefallenen Kriegern ein Denkmal errichtet wurde. Auch andere schöne Denkmäler sind hier zu beachten.

St. Mauritius, 1861—1865 an der Stelle der alten gleichnam. Kirche in goth. Stil erbaut.

St. Pantaleon, Garnisonskirche, eines der ältesten Gebäude Kölns, mit den Grabmälern der Kaiserin Theophania († 999), Gemahlin Otto II.

St. Severin, zierlicher Bau aus dem 11., Thurm aus dem 15. Jahrh. — Altarblatt von de Bruyn (1536).

St. Peter und *St. Cäcilien*. In ersterer Altarblatt von Rubens der hier 1577 getauft wurde (dem Küster 1½ Mk.). Beachtenswerthe Taufkapelle. Ein verdeckter Gang führt zur Cäcilienkirche, um 1200 erbaut.

Durch die Sternengasse (Nr. 10: *Geburtshaus Rubens'*) zur Kirche *St. Marien im Capitol*, kreuzförmige Basilika rom. Stils, 1049 geweiht.

St. Martin, 1172 renovirt, enthält einen Taufstein aus dem 8. Jahrh. und Altarbilder von Honthorst und du Bois. Der imposante Martinsthurm ist 1875 vollendet.

Zum Heumarkt, mit dem grössten *Reiterstandbild der Welt: Friedrich Wilhelm III. im Königsornat zu Pferde. Auf mächtigem Sockel von rothem schwedischen Granit erhebt sich die 7 m. hohe Statue, sie ist 5½ m. lang und wiegt 9850 Kilo, mit dem Sockel 35000 Kilo. Entwurf von Bläser, ausgeführt von Calandrelli und Schweinitz. Enthüllt im Herbst 1878 vor Kaiser Wilhelm. Auf der vordern Seite des Denkmals befindet sich die Aufschrift: „*König Friedrich Wilhelm III. Die dankbaren Rheinlande 1865.*" ·

Das alterthümliche *Rathhaus am Stadthausplatze, aus dem 13.—15. Jahrh., 1863 renovirt, hat ein schönes auf 16 Marmorsäulen ruhendes Portal aus der Renaissancezeit und einen zierlichen goth. Thurm, erb. 1406—1417. In dem Rathhausthurm ist vorläufig die Wallraf'sche Bibliothek und das Archiv untergebracht. Täglich 10—12 Uhr zugänglich. Im Innern der re-

novirte *Hansasaal*, in welchem am 19. Nov. 1367 der Hansa-
bund von 77 Städten geschlossen wurde.

Rathhaus in Köln.

Bei der Hauptwache vorbei über den Heumarkt durch die
Geiergasse auf den Martinsplatz, und in die Martinsstrasse zum
*Gürzenich, mittelalterlich geschmückter Bau, der 1437 Eigen-
thum der Stadt, und von 1441—74 ausgebaut und verschönert
wurde. Der obere grosse Saal diente zu allen Zeiten zur Ab-
haltung von Festlichkeiten. Auch mehrere Reichstage wurden
hier gehalten. 1821 begann man das Gebäude zu restauriren.
Der Hauptsaal fasst 5000 Personen; mit antiker Ausstattung,
Glasmalereien, Wappen der Städte und Zünfte, wird er von
820 Gasflammen erleuchtet. Im Nebensaale die berühmten
*Wandgemälde von A. Schmitz in Düsseldorf: 1) Einzug der
englischen Prinzessin Isabella, der Braut Kaiser Friedrich II.,
in Köln; 2) Die Sage vom Kölner Holzfahrtstage; 3) Die Jo-
hannisfeier in Köln nach der Beschreibung Petrarca's. — Jetzt
dient der Gürzenich zu Winter-Concerten, Musik- und Carneval-
festen, Bällen und Blumenausstellungen.

Im Erdgeschoss geht der Bau des *neuen Börsenlocals* seinem Ende entgegen, wohin die Börse demnächst verlegt werden wird. Durch die Hochstrasse in die Glockengasse, links die **Neue Synagoge.** Im maurischen Stil nach *Zwirner's* Plänen, von *A. Meder* 1859—61 auf Kosten des Banquiers *Oppenheim* erbaut,. und der Stadt geschenkt. In der Nähe das **Theater,** 1872 eröffnet.

Promenaden: Lohnend ist die Wanderung längs dem Rheinufer von S. nach N. Vom **Bayenthurm,** — ein majestätisches Werk, dessen Fortbestehen auch bei der Stadterweiterung gesichert ist — Anfang des 13. Jahrh. zum Schutz der Stadt erbaut, jetzt zu den Festungswerken gehörend, ausgehend, beim *Sicherheitshafen*, an dessen südlichem Ende eine grossartige Baumwollspinnerei, und unterhalb der Schiffbrücke, bei dem *Freihafen* und an der Gitterbrücke vorbei bis zum Nordende der Stadt, dem *Thürmchen,* wo der schöne *Kaisergarten* mit seinen viel besuchten Concerten besondere Anziehungskraft übt, — dann auf einer Brücke über die Einfahrt des alten Sicherheitshafens, und weiter abwärts an Gärten und Villen vorbei nach dem

*Zoologischen Garten (Eintritt 1 M., s. S. 2.), den ganzen Tag geöffnet, ausgezeichnet durch geschmackvolle Anlagen und prächtige Thierexemplare. Zur Rückfahrt nach Köln wird bei Abgang des Dampfbootes im Zoologischen Garten rechtzeitig geläutet. — Neben dem Zoologischen Garten ist der Botanische Garten der Gesellschaft ***Flora** (gute Restauration). Entrée 1 Mk. Mit stattlichem Palmenhause, Aquarium (Eintritt besonders 50 Pf.), zierlichen Gartenanlagen und Fontainen. Vom Belvedere Blick auf Köln und das Siebengebirge. Im Winter Sonntags und Mittwochs, im Sommer öfters Concert.

In der Verlängerung der Längen-Mittellinie des Doms, links beim Hôtel du Nord vorbei, führt die 1859 vollendete ***Gitterbrücke** über den 400 m. breiten Rhein. Eigentlich zwei Brücken nebeneinander auf drei gemeinschaftlichen Pfeilern. Von Ufer zu Ufer 412 m. lang und zusammen 19 m. breit. Zwei lange Rampen führen von beiden Ufern herauf. Ueber dem Eingang am linken Ufer die *Reiter-Statue Friedrich Wilhelm IV.* in Erzguss, nach Bläser; auf dem rechten Ufer *Reiter-Statue Wilhelm I.,* von Drake. Der ganze Bau kostete 4,000,000 Thaler. Von der Rampe am linken Ufer rechts neben Hôtel du Nord herrlicher **Blick* auf den Dom. Ueber die Brücke (Brückengeld 2 Pf. à Pers.), nach dem auf dem rechten Ufer liegenden Brückenkopf von Köln, dem Städtchen

Deutz.

Gasthöfe: *Prinz Carl*, am Rhein, jeden Abend im Sommer Concert; — *Hôtel und Restaurant Schüller*, Freiheitsstrasse 12 u 12 a., neu eingerichtet (auch bair. Bier), empfehlenswerth; — *Schiffchen* am Rhein.

Droschken: Vom Bergisch-Märkischen Bahnhof nach Köln incl. Brücken-geld 1—2 Prs. 175 Pf., 3 Prs. 200 Pf., 4 Prs. 225 Pf. — Von Deutz nach Köln incl. Brückengeld 1—2 Prs. 150 Pf., 3 Prs. 175 Pf., 4 Prs. 200 Pf.

Deutz hat eine Cavallerie-Caserne, nahe dabei den Köln-Mindener Bahnhof, eine evangel. Kirche, St. Johannis im gothischen Stil, 1861 eingeweiht, vor dem Feldthor, unterhalb der Eisenbahn-Gitterbrücke, den Bergisch - Märkischen Bahnhof, und ist noch durch eine Schiffbrücke mit Köln verbunden.

2. Köln-Düsseldorf.

36 Kilm. Rheinische Eisenbahn Köln-Neuss 54 Mn. 290. 220. 150 Pf.; 7 Kilm. Bergisch Märk. Bahn Neuss-Düsseldorf 10 Mn. 150. 120. 70 Pf

Die Fahrt bietet keine bemerkenswerthen Naturschönheiten, geht durch wohlbebautes Land und berührt industriell interessante Orte und historisch merkwürdige Punkte.

Düsseldorf.

Gasthöfe: *Breidenbacher Hof*, Allerstr., beim Gymnasium, I. R., allen An-sprüchen genügend, Verkehr des Rheinischen Adels, Familien empfohlen; *Europäischer Hof*, Friedrichstr., am Köln-Mindener Bahnhof, I. R. und gleich dem ersten Hôtel zu empfehlen; *Römischer Kaiser* (Engels) Karlsplatz, bei Ge-schäftsreisenden beliebt; *Kölnischer Hof*, Flinger- und Mittelstr. Ecke, ebenfalls Geschäftsreisende; *Kaiserlicher Hof*, beim Bahnhof; *Hôtel Ahmer*, Hohe Str. 32; *Hôtel Krautstein*, Schadowstr. 81.

Restaurationen des *Elberfelder*- u. *Kölner-Bahnhofs* gelobt, namentlich auch gutes Bier; *Kaiserhalle* am Königsplatz, gutes Bier.

Cafés: Hof-Conditorei *F. Geisler*, Mittelstr. 6 (in der Sommer-Saison auf dem Ananasberge im Hofgarten) guter Kaffee, auch Diners, Soupers, auch Restauration à la carte.

Theater: in der Alleestrasse, Ende 1875 eröffnet.

Rheinisch. Westfäl. Tattersall, Friedst. 18 u. 20. Reit- und Fahr-unterricht, An- und Verkauf von Pferden pp.

Droschken: Für jede Fahrt von den Bahnhöfen zur Stadt für 1 und 2 Pers. 60 Pf., für jede Pers. mehr 25 Pf., Gepäck 25 Pf. per Stück. Bei Fahrten nach dem Bahnhof Oberkassel 2 Pers. 1,75 Mk., eingeschlossen das Brückengeld. — Der 1½ fache Fahrpreis für Fahrten Morgens vor 7 und Abends nach 10 Uhr.

Dampfschiffe der Köln-Düsseldorfer-Gesellschaft. Von *Düsseldorf* nach *Köln* 120, 80, *Bonn* 210, 140, *Coblenz* 480, 320, *Bingen* 760, 500, *Mainz* 870, 580, *Mannheim* 1020, 680, *Rotterdam* 770, 510, *London* 2690, 1920 Pfennige. — *Die Rhein-und Schelde-Dampfschiffahrts-Gesellschaft*, Steinstrasse 13 b, vermittelt den Güter-verkehr nach Antwerpen, Vlissingen und dem Mittelrhein.

Düsseldorf, mit 87,600 Einw., Haupt- und Hafenstadt der bergischen Lande, ist Sitz der Bezirksbehörden und nimmt unter den modernen Rheinstädten den ersten Rang ein. An

der Mündung des Düsselbachs und auf dem rechten Rheinufer
gelegen, wird der Ort durch eine Schiffbrücke mit dem linken
Rheinufer verbunden.

Ihre heutige Bedeutung verdankt die Stadt theils der im letzten Decennium
aufblühenden Textil- und Eisen-Industrie, zum grossen Theil aber der hier be-
stehenden, blühenden *Maler-Akademie*.

Städtische Gemälde-Gallerie, Ausstellungssaal in der Ton-
halle (Schadowstr. 91), etwa 50 Oelgemälde der neuen Meister,
Besuch sehr lohnend; — Eintritt 50 Pf.

In *Schulte's* **Kunst-Ausstellung** der Düsseldorfer Künstler
werden vertragsmässig sämmtliche Bilder dieser Künstler vor
der Weiterbeförderung ausgestellt. (Eintritt 50 Pf.) Besuch
recht lohnend; dasselbe gilt von der *Kunst-Ausstellung* von
Bismeyer & Kraus, Elberfelderstr. 5, Gemälde Düsseldorfer
Künstler (Eintritt 50 Pf.).

Auf dem Markt das kolossale ***Reiterbild** des *Kurfürsten
Johann Wilhelm*, „des Vergrösserers der Stadt, des Gründers
der einst berühmten Gallerie, von der dankbaren Bürgerschaft
1711 gestiftet", gegossen von *Grupello*, und schon vor dem
Tode des Kurfürsten errichtet. — Südlich in der Nähe liegt die
Maximilianskirche beim Platze gleichen Namens, mit einem bedeutenden Freskobilde (Kreuzigung) von Settegast. — Nördlich,
nahe dem Rhein, die St. **Lambertuskirche** im Uebergangsstil
des 14. Jahrh., mit den Grabmälern Wilhelm IV. und Johann Wilhelm III. († 1609), der beiden letzten Herzöge von Cleve und Berg,
hinter dem Hochaltar. Gegenüber ein von *Achenbach* auf Goldgrund gemaltes Bild, die Kirchenpatrone darstellend. An einem
nördlichen Pfeiler der Grabstein des Kanzlers Melchior Voetz
(Voetius) († 1675). An der Nordseite der Kirche, welche der
Krämerstrasse und der *alten Stadt* zugewendet ist, hat die Gruppe
von Steinfiguren: Christus am Kreuz zwischen beiden Schächern,
Maria und Johannes eine vollständige Renovation durch Bildhauer *Joseph Kehl* erfahren.

Am Friedrichsplatz erhebt sich die *St. Andreaskirche*, ehemal.
Jesuiten- oder Hofkirche, darin unverweste Leichname des Kurfürsten Joh. Wilhelm († 1716), des Pfalzgrafen Wolfgang Wilhelm († 1653) u. A. An den Seitenaltären neuere Bilder von
Deger (Jungfrau), *Hübner* (Christus). Ein Freskobild von *Mücke,*
die h. Jungfrau, Johannes und andere Heilige, in einer Seiten-
kapelle neben dem Chor, hat sehr gelitten.

Der ***Hofgarten** ist ein reizender Park; in demselben die
Restauration *Ananasberg*, desgl. der anmuthig auf einem Hügel
über dem Hafen gelegene *Eiskeller*, mit freundlicher Aussicht,
und andere hübsche Punkte mehr; er zieht sich fast um die
ganze Stadt. Er umschliesst das *Palais Jägerhof*, Wohnsitz der
fürstlichen Familie von Hohenzollern-Sigmaringen; in der Nähe

des Palais ein Denkmal, dem „Schöpfer der Anlagen", Max
Weihe, von seinen Freunden; im Park, in einer der reizendsten
Partien, die Büste der Königin Stephanie von Portugal, geb.
Prinzessin von Hohenzollern († 1860), von *Bayerle*. Neben dem
Jägerhofe ist der bekannte *Jacobi'sche Garten* (einst Wohnsitz
des Philosophen F. H. Jacobi [† 1819]), jetzt Eigenthum und
Gesellschaftslocal der Gesellschaft Malkasten. Am Eingang eine
·stattliche *Kunsthalle* im gothischen Stil.

20 Min. von der Stadt der am Rhein gelegene *Gottesacker*,
mit schönen Gartenanlagen, und Carl Immermann's (geb. 1796,
† 1840) Ruhestätte, vom östl. Eingangsthor rechts unter einer
Trauerweide.

3. Bahnfahrt Köln-Bonn.

a. Linkes Ufer.

33 Kilm. Rheinische Eisenbahn 1 St. 250, 175, 130 Pf.

Retourbillets 1., 2. und 3 Classe sind für den Tag der Ausgabe und den folgenden Tag (2 Tage) gültig, und zwar gleichmässig zwischen allen Stationen
der Rheinischen Eisenbahn *Retourbillets 3. Classe zu ermässigten Preisen haben
nur Gültigkeit für den Tag der Ausgabe und können bei Schnellzügen nicht benutzt
werden.* Alle im Binnenverkehr ausgegebenen Retourbillets, welche nicht am
Tage der Ausgabe selbst zur Rückfahrt benutzt werden, müssen bei Antritt der
Rückreise auf der Anfangsstation abgestempelt werden. — Den Reisenden ist
es gestattet, ihre Reise zu unterbrechen, und zwar mit Billets für die Einzel-
reise am Tage der Ausgabe und am nächstfolgenden Tage, mit Retourbillets
während der Gültigkeitsdauer dieser Billets. — Nur die Plätze *links* gewähren
Aussicht auf den Rhein. Von Köln bis Bonn ist die Fahrt per Bahn, von Bonn
bis Mainz die Fahrt per Dampfschiff vorzuziehen.

Aus den grossen Glashalle des Central-Bahnhofs in Köln
geht der Zug in n.-w. Richtung durch die Stadt, passirt die
Stadtmauer zwischen dem Eigelsteinthor (östlich) und dem
Gereonsthor (westlich), trennt sich dann von der Bahn nach
Cleve und nach Aachen, und durchschneidet, in einer grossen
Curve die Festungswerke umgehend, in s.-w. Richtung den
Central-, Güter- und Betriebs-Bahnhof, geht l. am Gereonsthor
vorbei bis zum städtischen Garten (rechts); von hier an der
ganzen westlichen Stadtfront entlang folgt der Zug, von dem
Weyerthor ab, der südlichen Richtung der Bahn nach Coblenz.
R. Station *Kalscheuern*, 10,$_3$ Kilm.

R. Station Brühl 5,$_5$ Kilm. Brühler-Pavillon. In der Höhe
des Bahnhofes das königliche *Schloss*, 1728 vom Kurfürsten
Clemens August erbaut. Der König Friedr. Wilhelm IV. liess
1842 das Schloss restauriren. Daran grenzt ein reizender Park
mit dem Jagdschlosse *Falkenlust*, jetzt Privateigenthum. Trümmer einer röm. Wasserleitung in der Nähe, welche von hier bis
hinter Blankenheim führte.

R. Stat. **Sechtem**, 4,₉ Kilm.; s.-w. davon zeigen sich bereits
einige Weinberge. — R. Stat. **Roisdorf** 6,₃ Kilm. mit einer
dem Selterwasser ähnlichen Mineralquelle. — Bald darauf wird
r. der *Kreuzberg* bei Bonn, und l. der spitze Thurm des Bonner
Münster sichtbar. — Dann l. Kirchhof der Stadt mit Kapelle.
Durch neue Strassen-Anlagen, zum Theil noch im Bau be-
(griffen, erreicht der Zug links Station ·Bonn S. 13, 6,₃ Kilm.
33 Kilometer.)

b. Rechtes Ufer.

20 K. **Deutz-Troisdorf** ¹/₈ St. 170, 130, 90, 50 Pf.; 2 K. **Troisdorf-Friedrich-
Wilhelmshütte** 3 Mn. 20, 15, 10 Pf.; Friedrich-Wilhelmshütte-Beuel (Bonn)
10 Mn. 75, 60, 40 Pf.

Von (**Köln**) **Deutz** bis an die Sieg geht die Bahn in fast
südlicher Richtung, und bleibt, mit Ausnahme bei Porz, wo sie
an den Fluss herantritt, fern von dem geschlängelten Lauf des
Rheins. Flache, nicht anregende Gegend. 12,₅ K. Station
Wahn, l. davon die *Wahner Haide*, Artillerie-Schiessplatz. Im
N.-O. und ungefähr 3 St. entfernt Schloss **Bensberg**, auf
waldigem Höhenzuge. Dabei die *Erdenburg*, ein östlich ge-
legener Bergkegel, mit Spuren uralter Befestigung und einer
dreifachen Umwallung, einen ehemaligen Lagerplatz germani-
scher Völker andeutend. Auch die Wahner Haide war ein
weites germanisches Leichenfeld. — L. vorbei an *Spiech* mit
hübscher Kirche im gothischen Stil, nach Stat. *Troisdorf*
(7,₂₇ K.), oberhalb der Agger-Mündung in die Sieg, wo sich l.
die Köln-Giessener-Bahn nach Frankfurt a. M. abzweigt. Troisdorf besitzt eine gothische Kirche, deren Thurm im oberen
Theil aus Zinkguss ist. Im *Aggerthale* sind in den letzten
20 Jahren verschiedene Kupfer- und Bleibergwerke angelegt
worden. Nach 1,₆ K. Station **Friedrich - Wilhelmshütte**,
grosses Hüttenwerk am r. Ufer der Agger, mit einer Zweigbahn
nach *Siegburg* (3,₆ K. ¹/₄ St. — 20 Mn. 30, 25, 15 Pf., gehört
zu den Merkwürdigkeiten der deutschen Eisenbahnen). Die
Bahn geht von Troisdorf in s.-w. Richtung auf den Rhein zu,
überbrückt die Agger und passirt: *N. Menden, Meindorf, Geis-
lar*, dann *Vilich*, ehemal. Benedictiner-Abtei, adliges Damenstift, gegründet 985 vom Grafen Magingoz von Geldern, dessen
Tochter, die h. Adelheid, erste Aebtissin war. Die Stiftsgebäude
dienten seit 1865 zum Asyl für Krankenpflege ausübende Fran-
ziskaner-Nonnen, die Stiftskirche mit schönem gothischen Chor
ist jetzt Pfarrkirche. — Weiter r. am Rhein das grosse Dorf
Schwarzrheindorf, dessen Doppelkirche viele Touristen anzieht.
An Dorf *Combahn* vorbei zur Station **Beuel** 9,₂ K. (Gartenwirthschaft von *Brodesser*, einfach und gut).
    In 7 Mn. erreicht der Zug (3,₅ Kilm.) Station **Obercassel**
(*zur Wolfsburg; Rheinischer Hof*, in beiden gleiche Preise,

Pension 4 Mark. — Traject nach Bonn ¹/₈ St.). — Wegen seiner anmuthigen Lage am Fusse des Gebirges und dicht am Rhein ein geeigneter Ausflugspunkt in die nach allen Seiten interessante Umgegend.

Der *Dampf-Traject*, welcher sich an Drahtseilen quer über den Rhein bewegt, bringt den Zug zum linken Ufer, der hier durch einen stattlichen Bahneinschnitt nach 25 Mn. (im Ganzen) das Stations-Gebäude von Bonn erreicht.

4. Bahnfahrt Bonn-Coblenz.

a) *Linkes Ufer*.

58 K. Rheinische Eisenbahn. 1¹/₄—1²/₄ St. 480, 350, 240, 135 Pf. — Man setze sich links! — Von Köln bis Bonn ist die Eisenbahn, von Bonn weiter aufwärts die Fahrt mit dem Dampfboot vorzuziehen.

Bonn.

Bahnhof. Am Anfang der Poppelsdorfer-Allee.

Landebrücke der Dampfschiffe, beim Hôtel Rheineck, unterhalb des alten Zoll's und der Badehäuser.

Post am Münsterplatz. Postverbindung nach Hersel 6 K 1¹/₄ St. 60 Pf. Siegburg- Stadt 12 K 1¹/₂ St. 120 Pf.; Rheinbach 21 K 2¹/₂ St. 210 Pf.; Altenahr 29 K 3¹/₄ St. 290 Pf. (über Meckenheim).

Dampffähre und *fliegende Brücke* unterhalb der Landebrücke, bei der Landebrücke der Holländischen Dampfer.

Telegraph: Fürstenstr. 38.

Droschken: fahren nach Tarif, einfache Tour 75 Pf., man sehe den Tarif ein.

Gasthöfe: *Gasthaus zum gold. Stern* (Jos. Schmitz) am Markt, seit 1762 etablirt, I. Rang. Reelle Preise, Familien und Touristen zu empfehlen. Mit Aussicht auf den Rhein: *Grand Hôtel Royal* (A. Ermekeil), 200 Zimmer, grosser Garten, kalte und warme Bäder, Conversationssalon, Lese- und Rauchzimmer u. s. w.; *Hôtel Bellevue*, beide viel von Engländern besucht; — *Hôtel Kley* ebenfalls mit schönen Gartenanlagen, bei den Bonnern sehr beliebt und viel besucht, öfters Concerte; *Hôtel Rheineck*, an der Landebrücke. In der Stadt: *Rheinischer Hof*, Sternstr.; *Hôtel du Nord* gegenüber dem Bahnhof; *Schwan*, am Sternthor; — *Hôtel Garni*, bei der evangl. Kirche.

Restaurationen: *Ertgraber*, Coblenz. Str. 234; *Perrin* (Austernsalon), Wenzelsgasse; *Breuer*, „im Zehrgarten", am Markt; *Clouth*, Sandkaul, eheml. Wohnhaus des A. W. Schlegel, Studenten; *Bahnhof-Restauration*, recht gut; *Voss*, Austernsalon, Wenzelsgasse, auch feine Biere; *Nettekoven*, Neugasse, Baier. Bier; *Ruland*, *Funk* und *Monnar*, gelobte Bierlokale mit guter Küche; *Wacht am Rhein*, vorzügl. Bair. Bier, Coblenz. Str. 224., gute Küche.

Bäder: im Rhein am alten Zoll 30 Pf.; Schwimmanstalt auf dem r. Rheinufer 50 Pf. das Bad; von 5 Uhr Nm. fahren alle halbe Stunde Nachen hinüber.

Bonn, mit 34,500 Einw., ist mit seinen prachtvollen Promenaden, seiner lieblichen Umgegend, und der Nähe des Siebengebirges ein vielbesuchter Stationsort der Rheintouristen.

Der grosse *Springbrunnen* zwischen dem Bahnhof und der evangelischen Kirche, auf grünem Rasen von zierlichem Eisen-

gitter umgeben, fällt auf dem Wege zur Stadt zuerst in's Auge.
L. kleine, aber sehenswerthe Gemälde-Gallerie beim Buchhändler
Cohn, Eintritt 50 Pf.

Das *Münster beim Martinsplatze, eines der schönsten Denkmäler des Rundbogenstils, in den Spitzbogen übergehend, stammt
mit seinen Thürmen und dem Chore aus dem 11., das Uebrige
und der Mittelthurm aus dem 13. Jahrh., das Ganze ist 1847
hergestellt. Beachtenswerth im Innern das Erzbild der h. Helena,
vor dem Kreuze knieend, das Kolossal-Sandsteinbild des Erz-
bischofs Engelbert II., und das Marmorrelief am zweiten Pfeiler
rechts vom Hauptchor, die Geburt Christi mit den Hirten darstellend. Auf dem angrenzenden Münsterplatze das Denkmal
Beethoven's, von *Hänel* in Dresden entworfen und in Erz gegossen, 1845 errichtet. Der grosse Tonmeister soll in der Bonn-
gasse No. 20 geboren sein, das .Haus No. 5 der Rheingasse,
welches als Geburtsstätte bezeichnet wird, wurde erst später von
den Eltern bewohnt. Nahe dem Münster ist die *Rhein. Fried-
rich-Wilhelm*-Universität, gegr. 1818 in dem stattlichen ehem.
Residenzschlosse der Kölner Kurfürsten, dessen Front 451,₆ m.
Länge hat. Sie enthält ausgezeichnete klinische Anstalten, die
evangelische Kapelle, die Universitätsbibliothek (tägl. 2—4 Uhr)
und andere Sammlungen. In der *Aula* vorzügliche Fresken von
Cornelius'schen Schülern; Meldung beim Oberpedell (unter der
Halle), 75 Pf. Die Bibliothek umfasst 180,000 Bände; das
akademische Kunstmuseum mit Münzen, Gemmen, Gypsabgüssen
etc. ist in die ehemal. Universitäts-Reitbahn verlegt; das *vater-
ländische Museum*, eine schätzenswerthe Sammlung röm. Denksteine und Geräthschaften. Diese Sammlung zeigt der Bibliothek-
diener (1 Person 1 M., eine Gesellschaft 2 M.). Ferner zu er-
wähnen: Am untern Ende der Stadt am Rhein die aus rothen
Ziegeln erbaute *geburtshilfliche Klinik*, auf dem alten Exerzier-
platze, wo die ganze Reihe der medicinischen Institute der Hoch-
schule aufgeführt wird und die Nordseite der Stadt dadurch
einen architectonisch-imposanten Abschluss findet.

Auf der Südseite des Schlosses r. vom Coblenzer Thor der
schöne **Hofgarten,** schöne alte Baumreihen mit Parkanlagen,
viel besuchter Spaziergang. An der Südseite in der Mitte das
ehemal. Anatomiegebäude. Die Gartenanlagen des Hofgartens
endigen östlich vom Coblenzer Thor in einer alten Bastei, der
Alte Zoll genannt, neben Hôtel Kley, unmittelbar über dem
Rhein. Reizende Aussicht stromauf und stromab. Hier Arndt's
Denkmal, am 29. Juli 1865 enthüllt. Erzguss nach Modell von
Afinger. Die Inschriften lauten: *Ernst Moritz Arndt. — Der
Rhein Deutschlands Strom, nicht Deutschlands Grenze. — Der
Gott, der Eisen wachsen liess, der wollte keine Knechte. — Er-
richtet vom deutschen Volke 1845.* Seit 1871 stehen hier auch

zwei im französ. Kriege eroberte Geschütze, ein Geschenk des deutschen Kaisers an die Universität. Auf dem Alten Zoll l. ein kleines zum Schlosse gehöriges Haus mit einer Gedenktafel über der Thür, welche meldet: Geburtshaus des General-Directors der Königlichen Gärten, *P. J. Lenné*, geb. den 29. Sept. 1789. Vom Schloss führt südw. die $^1_2$ St. l. *Poppelsdorfer Allee*, ein beliebter Spaziergang der Bonner, am Bahnhofe und an der neuen stattlichen *Sternwarte*, mit ihren 6 Thürmchen, überragt von einem höhern Thurm, vorüber, nach dem zur Universität gehörigen **Poppelsdorfer Schlosse**, dem ehemaligen kurfürstlichen Lustschlosse Clemensruhe. *Naturwissenschaftliche Sammlungen* mit 160,000 Nummern.

Der **botanische Garten**, Dienst. und Freit. 3—7 Uhr für Jeden geöffnet, kann von Fremden zu jeder Zeit mit Erlaubniss eines der anwesenden Beamten besichtigt werden.

Technikern iet wegen der Anlagen, Touristen „*wegen der köstlichen Aussicht*" der Besuch des **Reservoirs der Wasserleitung** auf dem Venusberg über dem *Felsenkeller* zu empfehlen. Am besten vom bot. Garten aus; zum Eingang zurück, dann l. auf den Jägerhof, Restauration in Poppelsdorf gut, und noch einmal l. durch die Friedrichstrasse bis in die Höhe des Felsenkellers, hier r. zur Höhe $^1/_2$ St., von der schon unten zwei Häggenstöcke sichtbar. — Zur Besichtigung Erlaubnisskarte von der Direction der Wasserwerke nöthig (Bürgermeisterei), welche auch für das grossartige Wasserhebewerk in der Nähe der Station Bonn-Traject a. Rh. gilt; die schönste Aussicht auf die Stadt hat man vom 4. Schornsteine, wo das Bild mit der evang. Kirche beginnt.

Westlich vor dem Sternenthore, der **Kirchhof* (wenn das Hauptthor geschlossen, Eingang rechts durch ein kleines Gitterthor). In der Mitte die früher in Rammersdorf, seit 1847 wieder hier aufgestellte *Ordenskapelle*, eines der edelsten Gebäude des spätrom. Stils. In derselben hübsche Glasmalereien, Geschenk der Gebr. Boisserée. — Grabstätten berühmter Männer: An der Mauer rechts am Eingange *Niebuhr* († 1831), dessen Denkmal (von Rauch) sein und seiner Gattin Bild in Relief trägt; *Ernst von Schiller* († 1841), des Dichters zweiter Sohn, und des Dichters Wittwe, *Charlotte v. Lengefeld* († 1826); Prof. *Hermes* († 1831); *Hüllmann* († 1846); *Makeldey* († 1834); *v. Bayen* († 1860); *Dahlmann* († 1860); *Bunsen* († 1860); *Robert Schumann* († 1856); *Moritz Arndt* († 1860); *Chr. A. Brandis* († 1867); *Julius Plücker* († 1868); *Fr. Gottlieb Welker* († 1868); im Seitenwege r. vom Rondel *E. Böking* († 1870) Jurist und Philologe.

Hinter Bonn jenseits des mächtigen Rheins kommt das mannichfaltig gestaltete Siebengebirge in Sicht, dessen west-

lichster Vorsprung der Drachenfels sich im Strome spiegelt;
rechts zieht von Poppelsdorf nach Godesberg ein langer bewaldeter Bergrücken sich hin, mit Villen und Häuschen reich
ausstaffirt.

Godesberg, Bade- und Kurort (Stahlbrunnen). *(Hôtel
Blinzler; Hôtel zur guten Hoffnung; Gasthof zum Adler; Gasthof Anton Blinzler; Pension Stockmeyer; Villa Rosenburg;
Pension Daun.)* Der anmuthig gelegene Flecken Godesberg
beliebter Sommeraufenthalt, hat durch die Verwendung der neu
erbohrten Stahlquelle erheblich an Frequenz gewonnen.
An der N.-O.-Seite **Ruine Godesberg** auf einem Basaltkegel mit einem 30 M. hohen Aussichtsthurm. Ein schattiger
Fussweg führt in 10 Mn. vom Bahnhof zur Ruine, und auf
150 Stufen ersteigt man die Plattform. 1212 vom Erzbischof
von Köln auf römischen Fundamenten erbaut, war diese Veste
lange Zeit ein Lieblingsaufenthalt der Kölner Kurfürsten. Der
mächtige Thurm stammt aus dem Jahre 1340, er allein blieb
unbeschädigt stehen, als die Baiern 1583 das Schloss zerstörten.
Im Vorhof der Veste der Friedhof von Godesberg. Erfrischungen sind im Sommer in der Restauration am Fusse der Ruine
zu haben.

In kurzer Zeit sind die 2,₃ K. zur Station **Mehlem** *(Stern;
Krone)* zurückgelegt. Gegenüber, am Fusse des .Drachenfels,
Städtchen Königswinter (s. später); eine fliegende Brücke ver-
bindet beide Orte.

Rolandseck, Dampfboot-Station.

Gasthöfe: **Hôtel Rolandseck (Groyen)*, beliebt; *Hôtel Roland*, **Familien-Hôtel.**
Pension; *Hôtel Billau*; *Hôtel Decker*; *Bahnhofs-Restauration.* — Man versäume nicht,
den um das Stationsgebäude laufenden Balkon zu besuchen und die herrliche
Aussicht auf das Siebengebirge zu geniessen.
    Nachen: Nach Königswinter 2 M. (bis 4 Pers.); nach Rüngsdorf 2 M.
(4 Pers.); nach Bonn 4 M.
    Eseltaxe: Zum Rolandsbogen 75 Pf.; zum Thurm des Herrn vom Rath
1 M.; zum Roderberg 150 Pf.; für den Rückweg die Hälfte mehr.

Ruine Rolandseck: 15 Mn. vom Bahnhof; zum Hôtel
Roland und auf einem Fusspfade zum Pavillon, mit reizender
Umschau, gegenüber Nonnenwerth, auf der Rolandseckę gleich
einem Schwalbennest, auf einem Felsvorsprung. Dann in
wenigen Mn. zum ***Rolandsbogen** aufwärts, 150 M. üb. d. M.;
wenn möglich erwarte man hier den Sonnenuntergang, die
Abendbeleuchtung wirft ein zauberhaftes Licht auf den Drachenfels und das dahinterliegende Gebirge, ein Bild gewährend wie
zu keiner andern Tageszeit; der hohe Standpunkt gestattet freie
Aussicht bis über Bonn hinaus.
    10 Mn. höher und westlich von der Ruine der **Aussichts-
thurm** des Herrn vom Rath aus Köln, 1848 erbaut. Der Thurm

trägt über der Eingangsthür an der dem Rhein abgekehrten
Seite die kleine Tafel mit der Inschrift: 1848 Jacob vom Rath.
Von der Bank vor dem Thurm reizendes Bild auf das gegen-
überliegende Ufer. Die Plattform ersteigt man auf 120 Stufen,
oben eine weit umfassendere Aussicht und Rundschau. Sonntags ist gewöhnlich ein Wächter oben, der den Thurm aufschliesst (25—50 Pf.), sonst ist im Landhause des Herrn vom
Rath, unterhalb des Rolands-Hôtels, der Schlüssel zu bekommen.
— 15 Mn. weiter in nördlicher Richtung der **Roderberg.** Das
Innere des 300 M. im Durchmesser und 20 M. tiefen Kraters
ist Ackerland. Die Häuschen am N.-W.-Ende sind der *Bruchhof.*
— Eine Promenade vom Thurm oben das Ufer entlang ist
lohnend, weil das Siebengebirge fast mit jedem Schritt anders
erscheint. Aus landwirthschaftlichen Kulturen und stattlichen
Baumgruppen, vom Rhein bespült, erheben sich die im Viereck
gebauten, ausgedehnten Räumlichkeiten des ehemal. Klosters
Nonnenwerth, dessen Gründung das Dunkel der Sage verhüllt.

Remagen.

Gasthöfe: *Hôtel Fürstenberg* und *König von Preussen* (Eigenthümer O. Car-
siciola), beide am Rhein bei der Landebrücke; — *Hôtel Monjau* in der Stadt.
 Wagen in das Ahrthal, nach Tarif 7 M. $\frac{1}{2}$ T.; 12 M. 1 Tag, Zweispänner
2 M. mehr.
 Post nach Neuenahr 13 K., Ahrweiler 16 K. und Altenahr 28 K.

Remagen, mit 3000 Einw., ist wegen seiner reizenden Lage
als Ausgangspunkt für Partien, namentlich in das Ahrthal, ein
besonderer Anziehungspunkt für Fremde und Touristen.
 Beachtenswerth: Das *Portal,* neben der katholischen Kirche,
ein Halbkreisbogen auf zwei viereckigen Pfeilern, mit flachem
Bildwerk (viele Figuren) versehen.
 Unterhalb des Ortes auf einem Thonschieferfels die *Apollinariskirche,* Zutritt (gegen Eintrittskarten à 30 Pf., die am
Eingang zu haben) von $9\frac{1}{2}$—12 und von 2—6 Uhr; Sonnabends
und an Vorabenden von Festen von $9\frac{1}{2}$—12 und von 2—4 Uhr;
an Sonn- und Feiertagen von 11-12 und von 1—3 Uhr. Im
Innern sind in einem Sarkophage die Reliquien des heiligen
Apollinaris. Selbst unter den vielen Kunstbauten und Denk-
mälern am Rhein ist dieses Gotteshaus ein Edelstein, und kein
Kunstfreund mag den Besuch desselben verabsäumen. Ausgezeichnete Fresken auf Goldgrund, von *Deger, Ittenbach, Andr.*
und *Karl Müller,* schmücken den inneren, in zierlich gothischem
Stil gehaltenen Raum. Man muss sich hüten, das Ganze schnell
übersehen zu wollen; dann drückt, blendet, verwirrt es. Es ist
ruhiger Musse in der Betrachtung werth. Köstliche Aussicht
auf den Rhein vom Klosterhof und vom Klostergarten. Zum
Schloss *Marienfels* von der Apollinariskirche durch die Anlagen

über den Bergrücken 18—20 Mn., — wenn man die Erlaubniss
zum Betreten der Anlagen in der auf dem Burghofe gelegenen
Gärtnerwohnung erhalten hat.

Apollinariskirche bei Remagen.

Sinzig (*Deutsches Haus*), das römische Sextiacum, von
Mauern eingeschlossen, ¹/₂ St. vom Rhein an der Bonner Post-
strasse, mit höchst sehenswerther, gothischer *Pfarrkirche* aus
dem 13. Jahrh.
Niederbreisig, Nachen-Station, (*Bender* a. Rhein) mit
Resten eines ehemal. Tempelherrn-Hauses, und einigen neuen
Landhäusern am obern Ende. Gleich hinter der Brücke bei
der Wirthschaft Schloss Rheineck (Bier) r. zum
Schloss Rheineck (dem Kastellan 1 Pers. 75 Pf., Gesellschaft 2 Mk.). 1151 wurde die ehemal. Pfalzgräfl. Burg durch
Kaiser Konrad III. zerstört, aber vom Erzstift Köln wieder
aufgebaut. Ende des 17. Jahrh. ruinirten die Franzosen auch
dieses Schloss, am Schluss des Jahrh. zerstörte Kurköln fast
Alles, was noch übrig geblieben war, dieses Letzte wurde aber
1785 ganz eingeäschert, nur der 20 M. h. viereckige Wartthurm
von Alt-Rheineck hatte dem Feuer Trotz geboten und blieb erhalten, wie er noch heute steht. Der Minister a. D. von Bethmann-Hollweg war später Besitzer. Er liess 1832 durch den
Baumeister *Lassaulx* das Schloss im Rundbogenstil erbauen.
Ausserhalb des Schlosses an der n.-ö. Seite eine Garten-Terrasse
mit Springbrunnen und mit köstlicher Aussicht, ein reizendes

Plätzchen. Das Innere ist im Ritterstil möblirt, im Speisesaal das werthvolle Oelgemälde: Heinrich IV. in Canossa, von *Begas;* von dem Balkon der Bibliothek, Fernsicht stromauf und ab; im Saale schön geschnitzte Möbel, und in der Kapelle Fresken von *Steinle*, die Bergpredigt und acht Seligpreisungen; marmornes Kruzifix von *Achtermann* in Rom.

Brohl, ·Nachen-Station (*Nonn sen.*; *Nonn jun.*, beide mit Gärten am Rhein), am Eingange des Brohlthales.

Fuhrwerk: Zum Laacher See Zweispänner 9—12 M., nach Tönnesstein 3 M. — Beim Nehmen eines Wagens accordire man, da hier der Fremde leicht übervortheilt wird.

Ausflüge: In's *Brohlthal;* zum *Fornicher Kopf* 1 St.: nach *Namedy* u. z. 2½ St.; nach *Rheinbrohl* u. z. 1 St.; zur Ruine *Hammerstein* u. z. 3—4 St.

Andernach (*Hackenbruch; Glocke*), Ausgangspunkt für den Besuch der *Niedermendiger Lavagruben*, des *Laacher-See* und des *Brohlthals*, 14 K. Eisenbahn nach Niedermendig, ½ St. 120, 90, 60 Pf., bis Kruft 9 K., für 80. 60, 40 Pf.

Beachtenswerth: Das *Rheinthor*, vor der Landebrücke, ein Rest mittelalterlicher Befestigungskunst, die furchtbaren steinernen Gestalten sollen Glieder der ehrsamen Bäckerzunft darstellen, welche einst die Stadt gerettet. Links davon am äussersten Ende oberhalb vom hohen Bastion „am *Bollwerk*". wo man auch ein ganz trinkbares Bier bekommt, schöne Aussicht stromauf und ab. Am äussersten Ende rechts Schäfer's Restauration „am *Schänzchen*", guter Schoppen, und hübsche, wenn auch beschränktere Aussicht. Unterhalb des Schänzchens ausgedehnte Mühlsteinlager (Lavasteine) und der 1554 erbaute *Rheinkrahn*. Von hier zum noch ältern *Wartthurm*, 1414 bis 1468 erbaut, mit dem Zeichen einer Beschiessung der französischen Mordbrenner von 1688. Gleich dabei der *Dom*, Pfarrkirche St. Genoveva, hochinteressanter Bau aus dem 11. und 12. Jahrh.; — und die Trümmer des *Schlosses*, neben dem Coblenzer Thor.

Auf der 3 Kilm. langen Strecke zum nächsten Haltepunkt hat man l. jenseits über Dörfchen Fahr die Dörfer Gönnersdorf, und weiter zurück Hüllenberg, dann das gestreckte Irlich mit seiner hohen Kirche, darüber in der Ferne *Schloss Monrepos;* r. den *Nettenhof* und jenseits der Nette Station **Neuwied** (*linksrheinischer Bahnhof*), mit Dampffähre und fliegender Brücke.

Station **Coblenz** s. S. 22. (Wagenwechsel für Alle, welche nicht in der Richtung Bingerbrück fahren.)

b) *Rechtes Ufer*. (*Bahnfahrt von Bonn bis Coblenz*.)

65 K. Rheinische-Bahn.; 3 K. Bonn-Traject 8 Mn. 30, 25, 15 Pf.; 2 K. Ober-cassel ¼ St. 50, 40, 25 Pf.; 10,₅ K. Königswinter ½ St. 140, 110, 70 Pf.; 47 K.

2*

Neuwied vis-à-vis Bahnhof-Neuwied auf dem l. Ufer s. S. 52, 2¹/₄ St. 440, 330, 230 Pf.; 63,₃ K. Ehrenbreitstein 3¹/₄ St. 560, 420, 280 Pf — Coblenz 2 K. 7 Mn. 50, 30, 20 Pf.
Die Aussicht nach *rechts* hat man im Allgemeinen wie vom Dampfboot; links ist der Blick beschränkt. Man sitze rechts.

Von Stat. **Bonn** zur Stat. Bonn-Traject zweigt sich die Bahn von der Linksrheinischen Bahn links und dem Dorfe Kessenich gegenüber ab, um links wendend, in einen allmählich sich vertiefenden Einschnitt zur Stat. *Bonn-Traject*, am Ufer, zu gelangen. Hier, wo gewöhnlich einige Minuten Aufenthalt, betrachte man, zwischen den hölzernen Thürmchen, die Vorrichtungen zur Bewegung des Trajects und der Eisenbahnzüge. Der Zug gleitet langsam abwärts, dann geht er durch's Wasser, das hoch aufspritzt, und in demselben Moment hält auch schon der Zug auf der mächtig grossen Dampffähre. Während der Ueberfahrt (3—4 Mn.) schönes Bild rechts zum Siebengebirge. Wenige Mn. nach dem Landen hält der Zug vor der von Stadt Bonn 5,₆ K. entfernten Stat. **Obercassel** (Bahnhofs-Restauration) S. 12. — Nach 2,₇ K. Stat. *Nieder-Dollendorf*, 10 Mn. dahinter, Chaussee landeinwärts, *Ober-Dollendorf*, am Eingang des Heisterbacher Thales, zur *Ruine Heisterbach* ³/₄ St., sehenswerth. Am Fuss des Petersberges vorbei 2 K. zur Stat. **Königswinter**, Ausgangspunkt für die Partien in's Siebengebirge. *Rhöndorf* mit hübschem Stationshause, dann **Honnef** (s. später).

An *Erpel*, am Fusse der **Erpeler Lei*, eines Basaltkegels von 200 M. Höhe, dessen ·Steinbrüche, wegen ihrer Lage am Rhein, die einträglichsten sind (schöne Kirche, guter Wein), vorbei zur nächsten Stat. 5,₇ K. nach

Linz (*Hôtel Hammerstein*, am Bahnhof; *Nassauer Hof*, in der Stadt neben der Post). — Am renovirten ehemal. Pulverthurm die Landebrücke. Schöne *Kirche aus dem Anfang des 13. Jahrh. Dahinter der *Kaiser*- oder *Donatusberg* mit einer gothischen Kapelle, neuen Stationen und anmuthigen Anlagen. ·

Dattenberg, Burgruine, Besitzthum des Herrn von Mengershausen. Schöne Fernsicht. Am Burgberge gute Rothweine. — *Leubsdorf*, ehemaliger Königssaalhof, kleines Gebäude mit vier Thürmchen. — *Ariendorf*, hübsch gelegen. Im Burgstil erbautes Landhaus der Frau von Lorch. — *Ihrenfels*, Schloss, nach der Gemahlin des Erbauers, einer Gra₂fin von Ahre, so genannt.

Gleich hinter dem Schloss erreicht der Zug die 6,₈ Kilm. entfernte Stat. **Hönningen** (*Schloss Ahrenfels; Hôtel Westerhold* in schöner Lage am Rhein, billige Pension), grosser Flecken mit guten, renommirten Weinlagen. Neben der am Rheine stehenden stattlichen Kirche eine Gedenksäule für die 1870/71 gefallenen Krieger. Folgen die Orte **Rheinbrohl** S. 19, dann *Niederhammerstein, Oberhammerstein* mit *Ruine Hammer-*

stein. Auf mächtigem Grauwackenfels, der sich bis dicht an's Ufer vorschiebt, erheben sich die Reste der Burg **Hammerstein.** 9,₄ Kilm. Stat. **Leutesdorf** (Wirthschaft von *Moogeisen*), Nachenstation der Dampfboote. — Die Bahn folgt immer dem Ufer. *Fahr*, kleines Oertchen, durch eine fliegende Fähre mit dem gegenüberliegenden Andernach S. 19 verbunden. *Irlich*, Dorf. Einfluss des auf dem Westerwalde entspringenden Wiedbachs in den Rhein. Ueber dem Ort, auf mit Obstbäumen bepflanzter Anhöhe die im roman. Stile aufgeführte *Feldkirche.* Stat. **Neuwied** 8,₃ Kilm., Landeplatz der Dampfboote, durch eine Dampffähre und eine fliegende Brücke mit der links-rheinischen Eisenbahn-Station Neuwied (s. S. 19) verbunden.

Neuwied.

Gasthöfe: *Goldener Anker*, nahe der Landebrücke mit Balkon, guter Küche und Weinen, angenehmer Aufenthalt, Familien empfohlen; *Wilder Mann*, altes renommirtes Haus, Geschäftsreisende, guter Wein und Küche, hübscher Balkon am Rhein; *Moravian Hôtel* in der Mitte zwischen Bahnhof und Landebrücke gelegen, Gasthaus der Brüdergemeinde, beliebt, vortreffliche Weine; *Hôtel Krämer*, Touristen.

Die Standesherrschaft Neuwied kam 1806 unter nassauische Landeshoheit und 1815 an Preussen. Das vornehmlichste Gebäude ist das **Schloss Neuwied,** von 1707—12 in einfach modernem Stil erbaut, mit schöner Gartenterrasse nach dem Rhein, die Residenz der nicht mehr souverainen Familie gleichen Namens. Schloss und Park verbindet ein *Lustgarten.* Eintritt gestattet. Schöne Aussicht auf den Rhein und das Nettethal. Der fürstliche Park zu Neuwied, ausgezeichnet durch ausländische Bäume und Sträucher, und Baumgruppen, zieht sich am Ufer entlang; sehenswerthe Gartenanlagen. Am 12. März 1876 entwurzelte der Orkan die prachtvollen uralten Bäume, wodurch der Park an stattlichem Ansehen einbüsste, wenn auch Sorgfalt und Kunst Vieles wieder gut gemacht hat.

Nach 5,₄ K. Stat. **Engers** (Gastwirthschaft *Römerbrücke*) dicht am Rhein. Die Spuren eines festen Schlosses von 1386 finden sich noch unterhalb der jetzigen Kriegsschule, z. B. ein mit Epheu bewachsener runder Thurm. Kurfürst Joh. Phil. v. Waldersdorf (Molsberg) liess um 1758 das jetzige Schloss aufführen, seit 1863 preussische Kriegsschule. (Fresken von J. Zick.) — Im Rückblick am Saum des Gebirges landeinwärts über Neuwied Schloss *Monrepos*, fast bis Coblenz noch sichtbar.|

2,₇ K. über *Mühlhofen* nach Station **Bendorf** *(Rhein. Hof),* grosser Flecken in einem Obsthain. Roman. Kirche mit einer Basilica, seltsamen Ornamenten, aber ohne Thurm. Im Orte bedeutende Irrenanstalt.

Am Rhein hinlaufend, r. Insel **Niederwerth,** kommt die
Bahn nach 2.₈ K. zur Station **Vallendar:** (Gasthöfe: *Capitain;
Anker; Albert.*) Bootverbindung mit Coblenz. Geschmackvolle
Kirche, 1839 von Lassaulx neben einem aus dem 15. Jahrh.
stammenden Kirchthurm aufgeführt, im roman. Stile mit Stein-
hauerarbeiten und Glasmalereien. (Heilige Maria nach Hess in
München.) — 20 Min. landeinwärts Klosterruine *Schönstatt.*
Reste eines Mitte des 16. Jahrh. aufgehobenen Frauenklosters,
von den Schweden zerstört. Daneben eine Tuchfabrik.

Die Bahn bleibt nahe dem Strom. *Mallendar* (Mola Ro-
manorum), früher Besitz des deutschen Ordens. Darüber ehemaliges Tempelherrenhaus *Besselich,* später Nonnenkloster, 1804
aufgehoben. Seit 1830 Eigenthum des Herrn von Stedemann,
mit einigen altdeutschen Gemälden und einer Kapelle von
Q. Messys. Etwas fern vom Ufer auf der Höhe Dorf *Urbar,*
mitten in einem Obsthain. Dann r. eine bedeutende chemische
Fabrik, und einige andere industrielle Etablissements, und
Station **Ehrenbreitstein** 4,₅ K.

Von hier durch Festungswerke, dann über die Eisenbahn-
Gitterbrücke am kaiserlichen¦Schloss vorbei nach **Coblenz** 2,₈ K.

¦**Coblenz.**

Droschken: Wagen ohne Tarif nehme man nicht, wenn man nicht vorher
accordiren will. Stadtfahrt incl. Lützel-Coblenz, jenseits der Moselbrücke; bis
an den Fuss der Karthause; und bis zum Rondell an s. Ende der Rheinanlagen
1—2 Pers. 50 Pf., 3 Pers. 75 Pf., 4 Pers. 1 M. — Weiter s. Tarif. Zeitfahrten
1 St. 2 M., jede folgende ¹'₂ St. 75 Pf. excl. Brückengeld, pro Einsp. 45 Pf.,
Zweisp. 60 Pf.
    Zweispänner kosten ¹/₃ der obigen Sätze mehr. — Nach 10 Uhr Abends
und vor 6 Uhr früh sind doppelte Sätze zu entrichten, ausgenommen die Fahrten
von dem um 10 Uhr ankommenden Kölner Zuge.
    Gepäckträger: Vom Dampfboot pro Koffer in die Hôtels am Rhein 20 Pf.,
in die Stadt 30 Pf., nach Ehrenbreitstein 40 Pf. Dasselbe vom Bahnhof zum
Dampfboot. Reisesack 20 Pf. Hutschachtel 10 Pf.
    Gasthöfe: **Riese,* altes renommirtes Haus, im Sommer zweimal Table d'hôte,
vornehm mit entsprechenden Preisen; desgleichen **Bellevue,* gegenüber der Schiffbrücke, beide Familien empfohlen; **Anker,* neben dem Riesen, mit schöner Aussicht, Vorzugspreise für Geschäftsreisende. **Trier'sche Hof* am Clemensplatz,
ältestes Gasthaus, Geschäftsreisende; *Stadt Lüttich* am alten Graben (Wwe.
Ph. Flüchard & Sohn), in der Nähe des Bahnhofs und der Moselbrücke, gelobt;
*Wildes Schwein auf dem Plan und **Traube* in der Nähe des Rheins, beide sehr
gut und Familien bestens empfohlen; *Berliner Hof* mit Gartenwirthschaft, gute
Restauration und billig. — *Hôtel Leger,* Löhrstr. 81; *Hôtel Richter,* Löhrstr. 77 u. s.
    Restaurants und Wein: **Kirsch,* Florinsmarkt, schöne Aussicht auf die
Mosel, guter Wein; — *Ciril-Casino,* Ecke der Casino- und Magazinstrasse; Einführung durch ein Mitglied nöthig; — *Tillmann,* unterm Stern, Moselwein.
    Kaffeehäuser: **Hubaleck,* der Post gegenüber, empfehlenswerthes Früh-
stückslocal, auch Bier; — **Trinkhalle* in den Rheinanlagen, im Sommer Nachmittags oft Militär-Concert.
    Conditoreien: *Laibacher,* Clemensstrasse 6, mit empfehlenswerthen Waaren
und Preisen; — *Schaaf,* Firmungsstrasse; — *Hoffmann,* Jesuitengasse.
    Bier: **Dotzler,* Gemüsegasse, bairisch Bier; **Kratz,* am Münzplatz, guter

Wein, Bier, Kaffee, billige und gute Speisen; *Laupus*, am Mainzer Thor, auch wegen billiger Speisen bekannt. *Im alten Gutenberg*, Nagelsgasse 17; *Alsdorf*, Castorstr. 23; *Schmal*, Moselstr. 31; *Bohnacker*; *Schützenhof*; *Kösters*, Rheinst. 23; *Römer's Restauration*; Frühstückstube von *Müller*, Löhrstr. 43.

Bäder: Schwimmschule im Rhein, am rechten Ufer, der Castor-Kirche gegenüber, zu empfehlen, das Bad 50 Pf.; Bäder im Rhein unterhalb der Schiffbrücke bei Ehrenbreitstein, das Bad 50 Pf.; warme Bäder bei *Henster* im Custorhof; bei *Fischer*, Löhrstrasse.

Coblenz, das röm. *Confluentes,* eine stark befestigte Stadt, in prächtiger Lage am Einfluss der Mosel in den Rhein, mit Ehrenbreitstein durch eine 366 m. lange Schiffbrücke verbunden, ist die Hauptstadt der preuss. Rheinprovinz; 28,590 Einw. incl. 5000 Mann Besatzung. Die Bevölkerung von Ehrenbreitstein beträgt 2800 Einw.

Das ansehnliche **Schloss,** welches mit dem Regierungsgebäude, grossen Gasthöfen, meist in neuerer Zeit aufgeführten Gebäuden und der stattlichen alten Castorkirche der dem Rhein zugekehrten Stadtseite ein so imposantes Ansehen gibt, ist vom Kurfürst v. Trier, Clemens Wenzeslaus, von 1778—86 im edeln Stile erbaut. Es war kurfürstl. Residenz bis zum October 1794. Die dann einrückenden Franzosen benutzten es als Lazareth und Kaserne. Die preuss. Regierung liess das Schloss wieder renoviren und als Residenz herstellen. Gegenwärtig ist es Sommer-Residenz der Kaiserin Augusta. — Im linken Flügel die *Schlosskapelle,* wo der Gottesdienst der Garnison abgehalten wird; über dem Altar Abendmahl von Leonardo da Vinci, Copie; daneben in der Kapelle englischer Gottesdienst. Im Parterre das Oberpräsidium der Provinz. Den obern Theil des Schlosses, zu dem eine prachtvolle breite Treppe führt, bewohnt die Kaiserin. Der Kastellan im Corridor des linken Flügels führt umher. (Eine Person 1 M., Gesellschaften verhältnissmässig mehr.) — Auf dem **Clemensplatze** (Wachtparade 12, Sonntag 11½ Uhr) der 19 m. h. Obelisk des *Clemensbrunnens,* Inschrift mit Bezug auf die Wasserleitung: „Clemens Wenceslaus Elector vicinis suis, Anno 1791" — gegenüber das *Schauspielhaus* (Vorstellungen im Winter). — Südlich das gewaltige **Mainzer Thor,** welches gleich dem benachbarten *Löhrthore* befestigt ist; beide machen den Eindruck grossartiger Römerbauten. Von dort führt noch die Löhrgasse an der Barbarakirche, und am *Plan* (Rathhaus) vorbei zur Moselbrücke. — Die *Liebfrauenkirche,* hinter dem Rathhause, deren Bau schon im 13. Jahrh. begonnen und im 15. Jahrh. erst beendet wurde, ist seit 1853 vollständig renovirt. Sie enthält alte Grabsteine und hat ein schönes Geläute. — Die 1673 erbaute *Carmeliterkirche,* seit 1853 kathol. Gottesdienst für die Garnison eingerichtet, mit sehenswerthem Bilde von Anschütz. — Die evang. *Florianskirche,* im 12. Jahrh. erbaut, 1791 nach Beschädigung durch den Blitz mit

neuen Thurmspitzen versehen, hat einen sehenswerthen Chor
aus dem 14. Jahrh., in der Nähe das *Kaufhaus*, als Schöffen-
gerichtshaus 1480 erbaut. An der Thurmuhr Kopf eines Lands-
knechts mit beweglichen Augen. — Die ehem. erzbischöfliche
Burg von 1280, jetzt Fabrik von Blechwaaren, liegt dicht bei
der 354 m. langen 14 bogigen **Moselbrücke,** welche Kurfürst
Balduin um 1344 aufführen liess, der feste Thurm stammt aus
dem J. 1832. Durch die Brücke führt eine 12,000 m. lange
Wasserleitung von den Metternich'schen Höhen, durch Kurfürst
Clemens angelegt. In der Nähe der Metternich-Hof.

Von der Eisenbahnbrücke über die Mosel am Quai entlang
nach dem Korn- und Schwanen-Thor bis zur Moselmündung,
auf der Landspitze rechts das *Deutsch-Ordenshaus*, 1309 erbaut,
Proviantmagazin, gut erhalten, rechts herum zur Pfarr- und
Stiftskirche *St. Castor,* schon 836 als Collegiat-Stift gegründet,
843 Versammlungsort der Enkel Karl d. Gr., um dessen weites
Reich in Frankreich, Italien und Deutschland unter sich zu
theilen.

Gegenüber dem Portal der Kirche der **Castorbrunnen,** errichtet vom letzten französischen Präfecten, zur Feier des Einzugs der Franzosen in Moskau, Inschrift: „Anno 1812. Mémo-
rable par la campagne contre les Russes. Sous le préfecturat
de Jules Doazan". Der russ. General St. Priest liess die Worte
darunter setzen: „Vu et approuvé par nous Commandant Russe
de la ville de Coblenz. Le 1. Jan. 1814."

An der Ecke des Castor-Platzes und der Castor-Strasse südlich des Castorbrunnens das *General-Commando*, mit beachtens-
werther Spitzbogenhalle, neben dem Eingang, aus dem 15. Jahrh.,
ehem. Leyen'scher Hof. Durch die Castorpfaffen, Carmeliter-
strasse beim Bauhof vorbei über den Clemensplatz nach dem
Mainzer Thor, innerhalb der Stadt die Treppe zu der ***Eisenbahnbrücke,** dem zierlichsten Brückenbau am ganzen Rhein,
Entwurf von Sternberg, vom Baumeister Schwarz im Novbr. 1862
begonnen, im Frühjahr 1864 dem Verkehr übergeben.

Vor dem Holzthor, Anfang der *neuen* ***Rheinanlagen,** deren
Ende in der Nähe der Laubach. Geht man durch's Mainzer
Thor und links durch's Glacis, an einem freien Kinderspielplatz
vorbei bis zum Rhein und dann rechts in die Rheinanlagen, so
hat man ein schönes Panorama von Vallendar bis Capellen vor
sich. Die liebliche Schöpfung der Kaiserin Augusta, das Kleinod
von Coblenz, die herrlichen Rheinanlagen bilden den Haupt-
anziehungspunkt für Einheimische und Fremde; einzelne Aussichtspunkte, liebliche, in frischem Grün und farbiger Blüthenfülle
prangende Pflanzengruppen, auserlesene Schöpfungen einer künst-
lerischen Industrie, mit denen die unermüdliche Sorge der Kaiserin
seit Jahren die Anlagen ausgestattet hat. Im Durchgange unter

der Eisenbahnbrücke die Medaillon-Reliefs des Königs Friedrich Wilhelm IV. und Kaiser Wilhelm I., dann aufwärts, beim Beginn des Glacis, welches hier rechts ab nach dem Mainzer Thor sich zieht, eine von einem Adler gekrönte steinerne Denksäule, mit einer Inschrift über den Brückenbau. Rechts zwischen zwei hohen Silberpappeln Denkmal *Max v. Schenkendorf's*. Ueber die Schiffbrücke nach Thal Ehrenbreitstein (*Gasth. König v. Preussen; Bahnhof-Restauration, Restaur. Ww. Grebel*, Markt 97; *C. Ralle*, Hofstr. 220, Weinwirthschaft), kleines Städtchen, Sitz des rechtsrheinischen Justizsenats.

118 m. über dem Rhein, auf schönem Fels *Ehrenbreitstein, imposante Feste, im Mittelalter die Schutzwehr der Kurfürsten von Trier. Sie ist nur 2 Mal eingenommen: 1637 durch den kaiserl. General de Werth; 1799 durch die Franzosen und gleichzeitig zerstört; beide Male wurde die Besatzung durch Hunger zur Uebergabe gezwungen. Der 'Wiederaufbau begann 1816 unter der Oberleitung des Generals von Aster, und war 1826 mit einem Kostenaufwand von 8 Millionen Thalern vollendet. — Die *Aussicht von dieser Höhe gehört zu den schönsten am Rhein. — *Erlaubnisskarten* zur Besichtigung des Ehrenbreitsteins, nur für den Tag der Ausstellung gültig, im Bureau des 2. Commandanten zu Thal Ehrenbreitstein, dem Bahnhof gegenüber 1. Thür rechts; — à Person ¹/₃ M. für einen milden Zweck. Oben nimmt ein Unteroffizier die Touristen in Empfang und führt sie umher (1 bis 2 Pers. ¹/₂ M., 3 und mehr Pers. 1 M. Trinkgeld). In zwei Stunden kann man diesen Abstecher machen und wieder in Coblenz sein.

Auf der Pfaffendorfer Höhe, südlich dem Ehrenbreitstein gegenüber, liegt der *Asterstein* (Aussicht der vom Ehrenbreitstein ähnlich), in Verbindung mit ersterem die vollendete Befestigung bildend. Auf der am nordwestlichen Rande vorspringenden Terrasse dem kaiserlichen Schloss gegenüber ein 12 m. hoher *Obelisk,* Denkmal für die vom 8. Armee-Corps gefallenen Kameraden im Feldzuge 1866.

5. Bahnfahrt: Coblenz-Mainz.

a. *Linkes Ufer.*

61 K. Coblenz-Bingerbrück, Rheinische Eisenbahn in 1¹/₄—1³/₄ St. 570, 375 230 Pf. Man sitze links.

Von Coblenz (S. 22) führt die Bahnlinie nach Capellen durch die Festungswerke, rechts *Fort Constantin* am Fuss der Karthause, links im Rhein Insel Oberwerth, jenseits Horchheim kreuzt die Moselbahn, dann rechts von der Bahn *Wasserheil-anstalt* **Laubach** (Dr. M. Schüller, Preise pr. Tag mit Kur von 7 bis 13½ M.; ohne Kur von 5¼ bis 11¾ M.) l. jen-seits die alte *Johanniskirche*, bei welcher General St. Priest am 1. Januar 1814 über den Rhein ging, oberhalb die Mündung der Lahn, Nieder- und Oberlahnstein. 6,₃ K. Stat. **Capellen** (Aussteigen für den Besuch des Schlosses Stolzenfels), Nachen-station.

Capellen (*Hôtel Stolzenfels*, mit schattigen Gartenanlagen, guter Küche und Weinen; *Bellevue*, ebenfalls beliebt; — *Wagen* nach oder von Coblenz 2,₂₅ M. und zurück 4 M.; — *Nachen* nach Coblenz 2,₂₅ bis 3 M., accordiren) bietet hübsche Aussicht auf die Mündung des Lahnthales, und die Rechts-Rheinische- (nassauische) Bahn, welche die Lahn auf einer Gitterbrücke über-schreitet, dahinter etwas l. der Allerheiligen Berg mit seinen weissen Stationen. Ueber dem Ort auf halbem Bergeshang von prachtvollem Laubwald umrahmt das kaiserliche Schloss Stolzen-fels. Ein schattiger Fussweg, an dem zwei röm. Meilensteine, führt durch und über einen Viaduct in Windungen hinan, zu-letzt durch die Klause (Stallungen), schönes Steinbild über dem Thor, und über die Zugbrücke zum Schlosse *Stolzenfels*.

*Schloss Stolzenfels, 156 m. ü. d. M., 95 m. ü. d. Rhein, ist 1250 von Arnold von Isenburg, Erzbischof von Trier, erbaut. Wenn man nicht gleich Eintritt erhält, besteige man erst den stets zugänglichen Wartthurm auf der eisernen Wendel-treppe, von dem *wundervolle Aussicht*. — In der *Burgkapelle Fresken auf Goldgrund von Deger, Lebensgeschichte Christi, Schöpfung, Sündenfall, jüngstes Gericht u. s. w. — An der dem Rheine zugekehrten Seite der Hauptfront über dem *Portal des Gartensaals* Freske von Lasinsky: Kaiser Ruprecht und sein Neffe der Graf von Hohenzollern besuchen den Erzbischof von Trier auf Stolzenfels, am 20. August 1400, vor der Kaiserwahl; das Bild ist vom Rhein sichtbar. Im *Wintergarten*, einem rei-zenden Plätzchen, der gehörnte Siegfried, Erzstatue von Har-tung aus Coblenz. — Altdeutscher Kamin im *Treppenaufgang*, von der Stadt Köln geschenkt. — Der **Kleine Rittersaal* ent-hält Fresken von Stilke, die Cardinaltugenden des Ritterthums: Glaube, Gerechtigkeit, Liebe, Treue, Tapferkeit darstellend; an der Fensterwand die heiligen Ritter: Gereon, Georg, Mauritius und Rheinhold. — Im **Grossen Rittersaal* Rüstungen, Waffen, alter-thümliche und kostbare Trinkgefässe und Humpen u. s. w. 1870 wurden die Degen Napoleon's I. und Murat's hier gestohlen. Am Fenster Allegorie auf die Gründer und den königlichen Renovator. — Im *Oberen Stockwerk* Gemälde, Statuetten, Möbel, sämmtlich eigenartig und von Kunstwerth.

14,₂ K. (von Capellen) Stat. **Boppard** (*Rhein-Hôtel* [W.

Roesener] neu eingerichtet, in schönster Lage am Rhein, der Dampfschifflandungsbrücke gegenüber und zunächst dem Bahnhof. Beachtenswerth: *Pfarrkirche* aus dem 13. Jahrh., spät romanisch; *Karmeliterkirche* im Spitzbogenstil, mit sehenswerthen Chorstühlen aus dem 14. Jahrh., Sandstein-Monumenten und Fresken; die *evangelische Kirche* nach einem Plane Friedrich Wilhelm IV. erbaut. Ueber der Stadt das ehemal. Nonnenkloster *St. Marienberg*. Seit 1839 Kaltwasserheilanstalt (leitender Arzt Dr. Burkart) mit hübschen Parkanlagen.

Weiter zur nächsten 14,5 K. entfernten Stat. geht der Zug, zum Rhein wendend, r. vom *Martinstift*, Besserungsanstalt verwahrloster Kinder, vorbei, passirt auf der Höhe r. den *Pavillon* des Eisenbolzberges, und am Abhang dieses Bergzuges hinlaufend (jenseits: Kamp, Ruine Sternberg, Ruine Liebenstein, und Kloster Bornhofen) erreicht er r. Dorf **Salzig** mit schwacher Salzquelle und bedeutendem Obst- und Weinbau. Weiter dicht am Hôtel *Rheinberg* vorüber (jenseits Niederkestert), dann r. **Hirzenach** (*Comes*), Nachenstat.

St. Goar.

Gasthöfe: *Schneider* am untern Ende des Ortes, viel Engländer; — *Hôtel Rheinfels*, C. G. Ilges, an der Landebrücke; — *Löwe* nicht am Rhein, aber gut, einfacher und billiger, sehr zu empfehlen. — *Ueberfahrt* nach St. Goarshausen mit kleinem Schraubenboot p. Person 10 Pf.

Das freundliche Städtchen St. Goar, 1265 Einw., liegt inmitten der Schönheiten der Rheinufer.

Ueber St. Goar thront die Feste Rheinfels, welche man in 1/4 St. bequem auf schattigem Wege ersteigen kann. (Den Schlüssel zur Festung erfragt man im Hôtel, im Sommer wartet gewöhnlich der Aufseher der Burg an der Treppe am Eingang der Ruine, p. Person 75 Pf.)

Der **Rheinfels*, die Königin der Rheinburgen, ist seit 1843 Eigenthum des Kaisers von Deutschland. Sie wurde 1245 vom Grafen Diether von Katzenellenbogen erbaut und ein neuer Rheinzoll hier angelegt. Zehn Jahre später belagerten 26 Städte, wegen des neuen Zolls, die Festung, mussten aber nach 15 Monaten ohne Erfolg abziehen. An Hessen später gefallen, wurde die Burg von Landgraf Philipp d. J. bedeutend verstärkt und hielt 1692 die Belagerung der Franzosen so gut aus, dass diese im folgenden Jahre unverrichteter Sache abziehen mussten. 1758 überrumpelten die Franzosen die schwache Besatzung und hielten die Burg bis 1763 besetzt. — 1794 wurde der Rheinfels fast ohne Schwertstreich vom hess. General v. Resius den Franzosen übergeben, wofür er zum Tode verurtheilt und dann mit lebenslänglicher Haft bestraft wurde. Drei Jahre später ward die Festung zerstört und 1812 als Ruine verkauft (für 2500 fr.). —

Belohnende Aussicht, namentlich reizende Blicke durch die Fenster-
öffnung auf Katz und Maus.· Die Bahn tritt in den 376 m. langen Tunnel „an der
Bank"; — gleich am Ausgang, jenseits die *Lurlei;* dann folgt
der 251 m. lange Tunnel „am Bett" und dann der 233 m. lange
Tunnel „am Kammereck". Im Vorblick Oberwesel, links im
Strom die *Sieben Jungfrauen*, sieben Felsen bei niedrigem
Wasserstande zum Theil sichtbar, und jenseits der *Rossstein* mit
Tunneleingang.
Der Zug erreicht den Ochsenthurm und dann den Bahn-
hof (6 K.)

Oberwesel.

Gasthöfe: *Rheinischer Hof*, H. Fey Ww., nahe der Dampfschiff- und Eisenbahn-Station, gut, Pensionspreise bei 8 Tagen; jetzt wesentlich vergrössert. —
Post: nach Simmern 24 K. 3 St. 240 Pf.

Oberwesel (Vasovia), hübsches alterthümliches Städtchen mit
Wartthürmen und Ringmauern, im Mittelalter freie Reichsstadt,
hat eine höchst malerische Lage. Einzelne alte Bauten zeugen
noch von ihrer einstigen Ausdehnung und Wichtigkeit. 1639
von den Schweden, 1689 von den Franzosen erobert und geplündert. Die *Liebfrauen-* oder *Stiftskirche* mit einem 61 m.
hohen spitzen Thurm ist aus rothem Sandstein erbaut, und nach
einer Inschrift im Chor am 15. August 1331 eingeweiht.
Der nahegelegene * Ochsenthurm, ein stattliches Denkmal
mittelalterlicher Befestigungskunst, scheint unterhalb des Orts
den Schluss der Schutz- und Trutzbauten gemacht und als
Warte für den Strom auf- und abwärts gedient zu haben:
sein Fundament soll aus der Römerzeit stammen.
Ueber der Stadt erblickt man schon von weitem, zugleich
mit Oberwesel, die herrlichen Ruinen der **Schönburg**, mit ihren
drei hochaufragenden Thürmen und ansehnlichen Mauerresten.
Im Strome, dem diesseitigen Ufer näher, das sog. „wilde
Gefährt", die der Schifffahrt gefährliche Stelle; dann die lang-
gezogene Insel *Werth*, dahinter der *Altarstein;* auf der Höhe
rechts Ruine *Stahleck* (S. 29), und mit der ansehnlichen Wernerskirche: ·
Bacharach (*Hôtel & Pension Wasum*, am Bahnhof, Table
d'hôte um 1 Uhr, beliebt; *Hôtel Bastian,* gelobt. — Nachenstation;
Post nach Kirchberg, Rheinböllen, Simmern), das röm. Ara
Bacchi, berühmt als Weinort der vorzüglichen Lagen von Steeg,
Oberdiebach Manebach, bis in's 16. Jahrh. Hauptstapelplatz der
Rheingauer Weine, in erster Reihe des Klosters Eberbach, wegen
seines Rebensaftes von alten und neuen Dichtern gepriesen, liegt
malerisch an den meergrünen Fluthen von stolzer Burgruine
überragt. Reste von Mauern und Thürmen zeugen für die Wehr-

haftigkeit Bacharachs, als sich die Städte zu gemeinsamer Wehr gegen das Raubritterthum verbanden. Beachtenswerth: Die zierliche *Peterskirche* aus dem 12. Jahrh., ehemal. Templerkirche; die Trümmer des Ostchors der in der edelsten Gothik erbauten *St. Wernerskirche*, gegründet 1287, vollendet 1426, und im 30jähr. Kriege zerstört (Eingang durch die Post); sowie das grossartige Bergamphitheater dahinter, welches der Stadt ein äusserst gefälliges Ansehen verleiht.

Darüber die Ruine der Burg **Stahleck,** einst ein sehr festes Schloss, Sitz der Pfalzgrafen bis 1253, von 1620—1640 oft von den Franzosen belagert. und von ihnen 1689 unter Mélac zerstört. Die bis in's Thal reichenden Trümmer gehören dem Kaiser von Deutschland. Die beschränkte Aussicht ist doch sehr lohnend.

Von Bacharach nach Bingerbrück 13,₀ K.

Rechts Ruine *Stahleck* (s. oben), Schiefergruben, dann Ruine *Fürstenberg*. stattliche Reste mit einem kolossalen Rundthurm: 1243 köln. Lehn. 1321 im Besitz von Margaretha von Holland, 1632 durch die Schweden genommen, wurde sie 1689 durch die Franzosen zerstört. Gegenwärtig ist sie im Besitz der Prinzessin Friedrich der Niederlande. Der Bach, welcher am Fuss des Felsens, der die Burg trägt, in den Rhein mündet, schied in den ältesten Zeiten Kurmainz und Kurtrier. Im Rhein spiegelt sich das Dörfchen *Rheindiebach*. Gegenüber am andern Ufer der *Teufelskästrich, Nollich, Lorchhausen, Lorch*, mit der Mündung des Wisperthales, die Eisenbahnbauten vor der Wispermündung zeigen 17 Durchlässe für das oft gefährliche Bergwasser. —- Rechts *Niederheimbach* (Nachenstation) mit **Ruine Heimburg,** auch Burg *Honeck* genannt. 1865 im mittelalterlichen Stil renovirt. Sie wurde im 30jähr. Kriege halb gebrochen, und von Mélac's Mordbrennerbanden 1689 gänzlich zerstört.

Rechts auf spitzem Bergkegel (247 m.) die stattliche **Burg Sooneck** mit schönem Hauptthurme, auf schroffer Felswand und vom Soonwald überragt.

Rechts Dörfchen *Trechtlingshausen* (Whs.), in den Rhein vorspringend, in der Mitte bedeutender Correctionsarbeiten des Fahrwassers zu beiden Seiten. Gleich hinter dem Dorf mündet das Morgenbachthal, (Anziehungspunkt für Maler), plätscherndes, Cascaden bildendes, oft wildes Gebirgswasser, romantisch gelegene Mühlen und bizarre Felspartien in reichster Abwechslung. Den Eingang hütet die **Ruine Falkenburg,** eigentlich **Reichenstein.** — Gegenüber am Geisberge wächst der beliebte *Bodenthaler Wein*. — Links am diesseitigen Ufer und vom Strome bespült die **Clemens-Kapelle,** von Pappeln beschattet, in welcher früher Messen für die hingerichteten Raubritter gelesen wurden,

Gleich hinter diesem Gotteshause kann man die prächtige
Burg Rheinstein sehen. — Links, am rechten Ufer kommt Assmannshausen zum Vorschein. — Der Zug passirt das hochgelegene *Schloss Rheinstein. Die letzten Nachrichten über
die Burg sind vom Jahre 1348, wo Kuno von Falkenstein
sich häufig hier aufgehalten haben soll. Prinz Friedrich von
Preussen kaufte die Ruine und liess sie von 1825—1829 mit Benutzung der vorhandenen Trümmer zu einer Burg wieder auf-
bauen, des Renovators Grab ist in der Burgkapelle an der
Südseite († 1863). Jetzt Eigenthum des Prinzen Georg von
Preussen.

Burg Rheinstein.

Wer mit dem Dampfboot ankommt, kann hier aussteigen; die Boote halten
an Rheinstein an, um Reisende auszusetzen (mit Nachen vom Boot zum Ufer
nach Rheinstein, oder nach Assmannshausen 20 Pf., 10 Pf. mehr als an allen
andern Stationen, welche von der Dampfschifffahrtsgesellschaft engagirt sind);
ob das Halten der Boote an dieser Stelle auch ferner stattfinden wird, ist allerdings fraglich, weil hier wegen des neuen Fahrwassers und gleich oberhalb
wegen des Bingerlochs, das Halten der Schiffe, namentlich beim Passiren von
Flössen, mit einer gewissen Unsicherheit verbunden ist.

Auf schattigem Wege zur Burg (10 Mn.) passirt man Felsen,
mit eisernen Klammern zusammengehalten, und von Ketten um-
wunden, es sind die untersten Fundamente der Burg. An der
Zugbrücke, falls das Gitterthor verschlossen, schelle man rechts
am Thor; der Verwalter zeigt das Schloss, Trinkgeld pr. Person
1 M., Gesellschaften entsprechend (50 Pf.). Vorhof — Burgkapelle — Brunnengarten mit gothischem Brunnen — Gänse-
brünnchen — Wartthurm, eiserne Wendeltreppe, — auf der

Zinne ein Pechkorb — im untern Stockwerk: Rüstungen, Waffen, Trophäen; im oberen Stockwerk: Oelgemälde, Kostbarkeiten, Trinkgeschirre.

Am nun folgenden Ufer bis Bingerbrück sieht man wieder die Uferbauten zur Berichtigung des Fahrwassers.

Links im Strom der *Mäusethurm*, darüber auf jenseitiger Höhe Ruine *Ehrenfels* (s. später), dann Station

Bingerbrück (*Hôtel Rupertsberg*, oberhalb des Bahnhofs (10 Mn.), hübsch gelegen; von der Weinlaube vor dem Hause köstliche Aussicht, empfehlenswerth. — *Post* nach Stromberg 12 K. 1½ St. 120 Pf.).

Bingen.

Gasthöfe. *Hôtel Victoria* mit grosser Terrasse am Rhein, der Landebrücke gegenüber, viel besucht, gute Küche und guter Wein; *Weisses Ross*, ebenfalls am Rhein, etwas unterhalb, vorzügliche Küche, gute Weine; beide Hôtels sind Familien zu empfehlen, das w. Ross liegt etwas näher am Rhein. *Hôtel Belle-Vue*, hübsch gelegen, so wie *Hôtel Germania*, *Deutsches Haus* und *A. Distel*, sämmtlich am Rheinquai, gute Bedienung und guter Wein. In der Stadt gelegen: *Goldner Pflug*; *Pariser Hof* (Stadt Paris); *Englischer Hof*; *Karpfen*, civile Preise, gute Bedienung, Touristen zu empfehlen.

Café Scherr am Markt mit Restauration, Wein und Bier gelobt.

Bahnhof der hess. Ludwigsbahn, oberhalb des Orts, hinter der Landebücke nach Mainz und Köln und nach Saarbrücken.

Der Transport des Gepäcks von Bingen nach Bingerbrück ist kostspielig und beschwerlich. Von den Gasthöfen aus befördern es die Hausknechte.

Post und Telegraph an der Amtsstrasse in der Nähe des Fruchtmarktes und der Eisenbahnbrücke.

Verbindung mit Bingerbrück. Wer mit dem Boot gelandet und mit der Saarbrücker und Rhein-Nahebahn weiter fahren will, der muss über die Eisenbahnbrücke gehen: am Rheinquai hin rheinab bis zur Nahe, dann über die Eisenbahnbrücke, oder übersetzen, oberhalb dieser Brücke in der Nähe der Pfarrkirche. à Pers. 4 Pf., wenn bei niedrigem Wasser hier eine Brücke geschlagen, auch 4 Pf. à Pers.; zu Wagen in ½ St. über die alte Drususbrücke; Einsp. 75 Pf., Zweisp. 150 Pf.; ausserdem mit dem Trajectschiff Bingerbrück-Bingen-Rüdesheim.

Ueberfahrt nach Rüdesheim. Dampffähre (Landebr. unterhalb der Station in der Nähe des Mäusethurms) fährt nach allen Zügen, resp. alle St. von Bingen nach Rüdesheim für 10 resp. 20 Pf. für II. u. I. Platz.

Bingen (Bingium) war eines der röm. 50 Kastelle zu Drusus Zeiten, wahrscheinlich zum Schutz des Kreuzpunktes der Strassen nach Mainz, Trier und Köln, und da erbaut, wo später die unüberwindliche Feste Klopp erbaut wurde.

Die *Pfarrkirche*, in- und auswendig renovirt, stammt aus dem 15. Jahrh., hat einige hübsche Grabsteine, einen Taufstein, der aus Carolingischer Zeit sein soll, und unter dem Hauptschiff eine aus dem 11. Jahrh. stammende Krypta. Die katholische Kirche ist neuern Ursprungs, und die neue evang. Kirche erst 1861 erbaut. — Das *Rathhaus* seit 1863 im mittelalterlichen Stil restaurirt.

Zur **Ruine Klopp**, Eingang von der Kapuzinerstrasse aus, dem Gärtner Trinkgeld nach Belieben. — Die *unüberwindliche Feste Klopp* erwarb sich dieses

Epitheton, weil Kaiser Albrecht (1801) sie in der Fehde gegen den Erzbischof
Gerhard v. Mainz, der neue Zölle erheben wollte, nicht hatte einnehmen können.
Im 30jähr. Kriege büsste sie diesen stolzen Titel ein, und .1689 sprengten sie
die Franzosen in die Luft. Jetzt ist sie Eigenthum des Herrn Cron aus Köln,
und vollständig restaurirt; auch in deren Nähe ein prachtvolles Schloss in
gothischem Stil erbaut. Die Ruine und die sie umgebenden schönen Gartenanlagen sind dem Fremden zugänglich. Von der *Zinne des Hauptthurmes* eine
prachtvolle Aussicht.

Zur **Rochus-Kapelle,** vom obern Ausgang des Kirchhofs nach ¹₄ St.
Bergsteigens zur Höhe des Rochusberges, links ein anmuthiger Fussweg durch
die Buschpartien und Anlagen, mit einem *Tempel* und herrlicher Aussicht. In
der Nähe das *Hôtel Hartmann*, mit Terrasse und schöner Aussicht. Gleich dabei die *Rochus-Kapelle.*

Zum **Scharlachkopf** ¹₂ St. von der Rochus-Kapelle; am bequemsten:
den Rochusweg hinauf und den ersten Weg in dem Walde rechts, woselbst
ein Stein mit einer Inschrift als Wegweiser dient. In ¹₂ St. ist man auf dem
höchsten Punkt des Bergabhanges, auf dem der beste Nahewein, der welt-
bekannte Scharlachberger, wächst. Auf dem mit einer Brüstungsmauer um-
gebenen und mit Ruhebänken versehenen Platz weit ausgedehntere Fernsicht,
besonders auf das blühende Hessen, als von der Ruine Klopp.

Ausflüge nach **Kreuznach,** in's Nahe-Thal, in den Hochwald, auf den
Hunsrück (siehe an späteren Stellen). —

Rechts Stat. **Nieder-Ingelheim** (*Zum Löwen; Hirsch; Post.*
— Post nach Sauer-Schwabenheim 7 K. ³/₄ St.), mit den Resten
des prächtigen Palastes Karl's des Grossen, im Hause 317.

Rechts *Stat. Heidesheim,* im April 1877 durch Ueber-
schwemmung und Wolkenbruch schwer beschädigt; (am jen-
seitigen Ufer Eltville); Wald; Kalksteinbrüche; links Stat.
Budenheim; rechts St. *Mombach;* links Schloss, Park und
Städtchen Biebrich, darüber in der Ferne die griechische Kapelle
und das Jagdschloss Platte, beide jenseits Wiesbaden. — Die
Bahn tritt an den Rhein heran, im Strom die Ingelheimer-
und Peters-Au, rechts die neue Stadtanlage (Gartenfeld), der
Sicherheitshafen, das Raimundithor der Stadt und Festung
Station **Mainz.**

b) *Rechtes Ufer. Bahnfahrt von Coblenz bis Mainz.*

96,₉ K. Rheinische Eisenbahn: Coblenz-Oberlahnstein 7,₈ K. 18 Mn. 120, 80,
50 Pf., dann Nassauische Bahn Oberlahnstein-Castel 89 K. 2 St. 6 Mn. bis 2³/₄ St.
730, 420, 285 Pf. Von Castel mit Dampfboot nach Mainz 5 Mn., wenn man
weiter fahren will, sonst geht man von Castel über die Schiffbrücke nach
Mainz, oder benutzt eine der auf dem Bahnhof Castel stationirten Droschken
(s. bei Mainz).

Der Zug geht zwischen dem Löhr-Rondel l. und dem Löhr-
Thor r., schneidet die Wallstrasse, geht zwischen den Anlagen
des Schlossplatzes l. und dem Mainzer Thor r., dann das kaiserliche Palais l. lassend durch ein Festungsthor auf die Eisenbahngitterbrücke (Blick nach r. und l., l. imponiren die weitge-
dehnten Linien der kaiserlichen Feste Ehrenbreitstein), und in
grosser Curve auf das r. Ufer-Dörfchen **Pfaffendorf** *(Thom,*
sehr gut, *Hôtel Rheinischer Hof* (F. Meder), für längeren Aufent-

halt geeignet; *J. Pauli; Zur Krone*) mit hübschen Landhäusern
und Häuschen, Gärten und Gärtchen, und spitzem Kirchthurm,
durchschneidend; reizendes Rheinbild. Rechts Insel **Oberwerth**
mit den interessanten Kunstbauten der Moselbahn. Links Station
Horchheim (*Holler*) mit Wein- und Obstgeländen, Villen und
parkartigen Gärten. Dann r. die einsam stehende *St. Johanniskirche*, einst im Dorfe Niederlahnstein, das sich bis an den Rhein
ausgedehnt haben soll. Die Kirche, im 30jährigen Kriege und
ein zweites Mal 1798 zerstört, war in so schlechten Zustand ge-
rathen, dass 1844 ein Thurm und ein Theil des Schiffes ein-
stürzte. 1857 ist sie renovirt; jetzt sorgt der nassauische Alter-
thums-Verein für ihre Erhaltung. Links Stat. **Niederlahnstein**
(*Douqué*); dann auf eiserner Gitterbrücke über die Lahn zur
Haupt-Station.

Oberlahnstein.

Landebrücke der **Rheinischen Dampfboote**, für Coblenz **Wagenwechsel**.
Wer in's *Lahnthal* fährt, bleibt in demselben Wagen.

Gasthöfe: *Hôtel Weller; — Hôtel Lahneck*, auch Bier, Touristen zu empfehlen. —

Lahnstein, 4900 Einw., Sitz eines Hauptsteuer-Amts, hat
gegenwärtig mit seiner Umgebung von Wällen und Thürmen
fast ganz dasselbe äussere Ansehen wie um die Mitte des 17.
Jahrh., wenn auch die Eisenbahnbauten manches geändert, und
Mauern und Thürme mit einem neueren Kleide versehen haben.
Die neue evangel. Kirche ist vollendet und eingeweiht. Das
stattliche *kurmainz. Schloss* am oberen Ende, dicht am Rhein,
ist 1394, der neuere Theil erst im vor. Jahrh. erbaut. Am s.
Ende liegt zwischen Obstbäumen eine kleine weisse Kapelle, die
St. Marien- oder *Wenzelskapelle*, in welcher am 20. August 1400
die rhein. Kurfürsten den Kaiser Wenzel absetzten.

Die *neuen Anlagen* um die Stadt sind zum grössten Theil
vollendet und bieten angenehme Promenaden. — Schloss **Lahneck**, Weg nicht zu fehlen, ½ St., mit hübschen Anlagen vor der
Burg. Besichtigung gestattet, dem Kastellan 1 Pers. 50 Pf. —
Die geschmackvollen Anlagen um *Villa Lessing* können nach
Anfrage beim Eigenthümer besucht werden. — Die Anhöhe
„**schöne Aussicht**" ½ St.

Weiter mit der Nass.-Bahn an der Ost-Seite des kurmainzischen Schlosses, dann an der Wenzels-Kapelle vorbei und zur
Stat. **Braubach**. (*Deutsches Haus* mit Biergarten beim Bahnhof; in geringer Entfernung *Rheinischer Hof* von Gg. Arzbächer,
Nassauer Hof von Chr. Schinkenberger; *Daniel Arzbächer* am
Rhein, reingehaltene und preiswürdige Weine, gute Küche und
comfort. Logis). Darüber erhebt sich auf isolirtem Felskegel
das Schloss **Marxburg* (Castrum Braubach, auch Braubacher

Schloss genannt), 150 m. über dem Rhein, die einzige wohl-
erhaltene Feste am Rhein, ein schönes mittelalterliches Bauwerk,
seiner imposanten Lage, originellen Bauart, der Folterkammer
und der herrlichen Aussicht wegen besuchenswerth. — Die
St. Martins-Kapelle, uralt, in reizender Lage nicht weit vom
Fahrwege nach der Marxburg. Der *Eckartsbrunnen* bei der
alten Silberschmelze und der *Salzborn*, 2 K. aufwärts im Thale
nach Dachsenhausen, zwei eisen- und stahlhaltige geschätzte
Mineralquellen. In dem oberhalb Braubach einmündenden Thale
der Dunkholder Brunnen — ein Stahlwasser, ähnlich dem Schwalbacher.

Der Flusskrümmung folgend eilt der Zug auf grosser Curve
zur Stat. Oster-Spay *(Ww. Müller)*, ehemals reichsritterschaft-
lich, mit hübscher Kirche. Darüber auf bewaldeter Anhöhe in
malerischer Lage Schlösschen *Liebeneck*, mit schöner Aussicht,
1793 erbaut, jetzt Eigenthum der Familie von Preuschen.

Abermals in grosser Curve nach l. geht die Bahn am Oertchen *Filzen* vorbei und kommt zur Stat. Camp *(Anker; Rheinischer Hof; Stolzenfels)*, ansehnliches Dorf mit bedeutendem
Obstbau. Folgt die Kloster- und Wallfahrts-Kirche *Bornhofen*,
1390 auf einem eheml. Rittersitz errichtet, mit wunderthätigem
Muttergottesbild; der dabei gelegene Klosterbau ward 1679
vollendet. Ernst schauen auf das Kloster herab die Ruinen
Liebenstein und *Sterrenberg*, genannt die „feindlichen Brüder"; die
Sage beider verherrlichte Heine. *Sterrenberg*, die oberste, zeigt un-
erwartet grosse Ausdehnung und bietet die lohnendste Aussicht in
die romantischen Schluchten des Rheinthales. *Liebenstein*, die jün-
gere Burg, sollen erst die von Bolanden erbaut haben. Zwischen
beiden Burgen die sogen. „*Streitmauer"*. Die sehr hübschen Anlagen um die Ruinen geben denselben ein sehr malerisches Relief.

Stat. Nieder-Kestert *(Stern)*, Pfarrdorf mit alter Kirche;
dahinter, landeinwärts Ober-Kestert. — Die Bahn umfährt eine
vorspringende Felspartie. Weiter zum Bergmannsdorf *Ehrenthal*, mit ansehnlichen Bergwerken in Blei, Silber und Kupfer.
Das Bergwerk hiess die *gute Hoffnung*. Die Metallader setzt
unter dem Rheine durch und wird jenseits bei Holzfelden betrieben. Weiter folgt *Wellmich*, in malerischer Lage, mit altem
Kirchlein goth. Stils, darin Grabstein des Erzbischof Cuno von
Falkenstein († 1388), goth. Inschrift; inmitten von Weinbergen
und Gärten. Darüber die Trümmer des 1353 gegründeten Felsen-
nestes, der *Ruine Deurenburg* (auch Thurmberg, Cunoberg,
Peterseck), gewöhnlich die *Maus* genannt, deren Vollendung
dem Erzbischof Cuno von Falkenstein 1362 zugeschrieben wird.

Stat. St. Goarshausen, Nachenstation der Rheinischen
Dampfboote. (*Adler; Schiffchen; Rheinischer Hof*.) Am reizenden felsigen *Schweizerthale*, welches ein kleines Bergwasser

belebt, gelegen. (Zum empfehlenswerthen Besuch des Thales sind 2—3 Stunden erforderlich.) Ueber der Stadt Ruine *Neu-Katzenellenbogen*, die **Katz**, Schlüssel im Rhein.-Hof, Führer 50 Pf.

Tunnel durch die **Lurlei**, Urbachthal — Rossstein-Tunnel, — und Stat. **Caub**, Nachenstat. der Rheinischen Dampfboote.

Caub.

Gasthöfe. *Grüner Wald* am Rhein; — *Adler;* — *Settebas*, im alten Wacht-thurm, gelobt. — Ueberfahrt zur Pfalz 1 Pers. 50 Pf., Gesellschaft nach der Grösse à Pers. 10—20 Pf., den Schlüssel zur Pfalz hat der Recepturdiener, für die Verabfolgung 50 Pf. Trinkgeld.

Caub hat 2400 Einw. und ist der Hauptsitz des Rheinischen Schieferbergbaues. Vom Markt bis zum Wachtthurm eine Mauer, an welche eine Häuserreihe von Innen angebaut ist, so dass man vom Rheine ihr unteres Stockwerk gar nicht sieht. Auf der Oberfläche dieser Stadtmauer ein bequemer Fussgang, — der „Nothgang", auf welchen alle Häuser eine zweite Hausthür aus dem obern Stockwerk haben, zum Gebrauch bei Wassersnoth. — Ueber der Stadt die leider verfallene Ruine **Gutenfels**, mit mächtigem Bergfried und roman. Fenstern am Hauptgebäude, von den Franzosen 1805 zerstört, 1807 auf Abbruch verkauft. Es war in der Nacht vom 10. zum 11. März 1876, als man in Caub ein donnerähnliches Getöse und einen herzzerreissenden Schrei vernahm; man gewahrte dicken Qualm und vermuthete Feuer. Ein neuer Krach gab Gewissheit, dass die Strasse *„Hinter den Häusern"* von dem schon länger drohenden Bergsturz zerschmettert worden sei. Von den 28 Verschütteten konnten nur wenige lebend gerettet werden.

Der Zug umfährt eine stark vorspringende Felspartie, und streift Dörfchen *Lorchhausen*, nach einem Brande neu erbaut. L. auf dem r. Ufer der Wisper, die hier in den Rhein fliesst, Ruine *Nollig* (Nollingen) 320 m., mit der sogen. *Teufelsleiter*, einem zackigen Felsgrat am S.-Abhange.

Lorch, Stat. der Dampfboote und Bahnstation *(*Schwan, altes gelobtes Haus, am obern Ende des Orts am Rhein mit Gärtchen, guter Wein, aufmerksame Bedienung, sehr gute Küche; *Zur Krone,* ebenfalls beliebt).

1¼ St. oberhalb Lorch der *Teufelskädrich*, mit prachtvoller Aussicht in's Rheinthal.

Assmannshausen.

Gasthöfe: *Hôtel zum Anker* in Assmannshausen, Pension *Hôtel Jagdschloss* auf dem Niederwalde (Eigenthümer J. A. Jung), beide Etablissements sind

3*

auf's zweckmässigste eingerichtet und erfreuen sich grosser Frequenz; — Pensionspreise nach Uebereinkunft. (Täglich Table d'hôte 1 Uhr), Wagen im Hôtel. *Zur Krone* (Brück) guter Assmannshäuser, beliebt.

Hier wächst der berühmte Rothwein, unter dem Namen „*Assmannshäuser*" weltbekannt, welcher sich durch seinen Mandelgeschmack vor allen andern Rothweinen auszeichnet und dessen Güte bereits 1108 urkundlich erwähnt wird. Assmannshausen ist Nachenstation der Rheinischen Dampfboote, die jenseits, am *Rheinstein*, S. 30, halten. Ausgangspunkt für Ausflüge in den *Niederwald* und neuerdings als Bad bekannt.

Auf dem terrassenreichen Rüdesheimer Berge, dessen steiles Erdreich durch stufenförmige Mauern gehalten werden muss, steht die malerische, keck vorspringende *Ruine Ehrenfels, in deren Nähe die Stelle sein soll, wo Karl der Grosse von seinem Palast zu Ingelheim zuerst den Schnee schmelzen sah, was ihn auf die Idee brachte, den Weinbau hier zu versuchen.

Rüdesheim.

Gasthöfe: *Darmstädter Hof* (Nicolaus Sahl), Z. von 2,80 M. an, Frühst. 1 M., Diner Table d'hôte 3 M., Service 50 Pf.; *HôtelBellevue* (C. Dorhöfer), sehr empfohlenswerth, der Eigenthümer ist der Sohn des Besitzers der Weinwirthschaft Aumüller: *Hôtel Massmann*, gegenüber der Haltestelle der Dampfschiffe mit prachtvoller Aussicht auf die breite Rheinfläche, Jedem, namentlich aber Familien und einzelnen Damen zu empfehlen, mit vorzüglicher Küche, vortrefflichen Weinen, civilen Preisen und aufmerksamer Bedienung; *Hôtel Rheinstein* (Beiderlinden), gelobt; *Hôtel Jung*, mit Café und Conditorei, gegenüber dem Bahnhof.

Bahnhofs-Restauration: gut.

Wein bei *Lauter und *Aumüller, beide am Rhein. Ferner bei N. Wienau; J. Gebürsch u. a. —

Der amtliche Tarif für den Verkehr um Rüdesheim, den jeder Führer bei sich zu tragen hat, enthält 4 Abtheilungen: 1) den Lohn der Führer mit Reitpferden, Mauleseln und Eseln; — 2) als Fremdenführer; — 3) Tarif für zweisp. Wagen für 4 Personen; — 4) Tarif für die Schiffer zu Rüdesheim.

In kleiner Entfernung vom Bahnhof ein Stein-Coloss, die mittelalterliche Ruine **Brömserburg** (Niederburg) genannt, Eigenthum der Grafen Ingelheim, aus dem 13. Jahrh. In der Burg viele hier gefundene röm. Alterthümer. Etwas zurück gelegen die Trümmer der *Niedern*, der *Obern* oder **Boosenburg**, mit einem obeliskartigen Thurm und einer Zinnenkrönung versehen. Die Burg war früher Lehn der Grafen v. Zweibrücken, dann 300 J. Eigenthum der Grafen von Boos, und gehört jetzt der Weinhandlung des Herrn Sturm, darin Weinhandel. — Weinbau und Weinhandel nehmen in dem betriebsamen und muntern Ort den ersten Rang ein.

Macht man die Partie auf den **Niederwald** von Rüdesheim aus, so gelangt man vom *Säulentempel* und dem *National-Denkmal* durch den schönen Wald links nach der aus knorrigenBaumstämmen gebildeten *Eremitage* (¼ St.), einem prächtigen Aussichtspunkte, und in fast eben so langer Zeit zur künstlichen *Ruine Rossel*, mit gleich herrlicher Aussicht, zwar nicht so ausgedehnt, aber von unendlicher Fülle und Mannichfaltigkeit. Der Schlüssel ist im Jagdschloss. (Näheres siehe später.)

Im Rheingau eilt der Zug weiter zur Station **Geisenheim** (*Germania; Deutsches Haus; Café Wisser*), Landungsbrücke der rheinischen Dampfboote.

Weiter l. oben im Thale **Johannisberg im Grund** (*Klein*), mit Schnellpressen-Fabrik. In gleicher Höhe am Fusse des Johannisberges ist die „*Klause*", „*Klus*" St. *Georgsklause*, Rest eines Frauenklosters. Hinter dem Schlosse **Dorf Johannisberg**, mit einer viel besuchten Kaltwasser-Heilanstalt (*Restauration).

*Schloss Johannisberg, die Pflanzstätte eines der besten und feurigsten Weine, deren edelste Sorten nicht in den Handel kommen. Der Berg, auf dem das Schloss steht, bietet von dessen Altane den herrlichsten *Ueberblick des Rheingau's. —

Winkel (*Rheingauer Hof; Döring*), Stat. der nass. Eisenbahn, langgestreckter Ort, gewöhnlich *Langenwinkel* genannt.

Mittelheim (*Ww. Berg*), mit Winkel verbunden, besitzt eines der ältesten kirchlichen Baudenkmäler in seiner im Basilikenstil erbauten Aegidienkirche.

Oestrich, Nachenstat., mit Mittelheim und Winkel fast zu einer Ortschaft verbunden (**Steinheimer*, am Rhein, mit Garten; *Basting*, *Kremer*).

Der Steinberg. Auf sanftanstrebender Berghöhe, von hoher steinerner Mauer umgeben, liegt das 80 Morgen grosse Rebengelände, innerhalb der Einfassung ein kleines Weinbergshäuschen; 1177 von Mönchen des Klosters Eberbach zum Weinbau cultivirt; jetzt wachsen hier Weinsorten, welche sogar den Johannisberger in den Ausstellungen der letzten Jahre besiegt haben.

Schloss Reichardshausen, mit Gemäldegallerie, von einem hübschen alten Park und Rebengeländen umgeben, Eigenthum des Grafen Schönborn. Gleich darauf Station **Hattenheim** (**Laroche*, mitten im Ort, guter Wein; grosse Kellerei des Herrn A. Wilhelmi), von Hatto II., Erzbischof von Mainz, gegründet.

Der Zug geht durch die 23 Morgen grossen Weingelände des *Markobrunnens*. — Am untern Ende von Erbach **Schloss Reinhartshausen*, Eigenthum der Prinzessin Marianne der Niederlande, der Wohlthäterin der ganzen Gegend. Im Schlosse sehenswerthes *Museum*, Montag, Mittwoch und Freitag 10—5 Uhr geöffnet. Entrée 1 M., für die Armen.

Eltville.

Notiz. Reisende nach Schlangenbad und Schwalbach müssen hier aussteigen.
Gasthöfe: **Hôtel Reisenbach*; Im *Freihof* oder *Christoffelsburg*, von der Besitzung Rheinberg abgetrennt, Gastwirthschaft I. R., mit schönen Parkanlagen, unmittelbar am Rhein, — Landebrücke — Familien zu empfehlen; — *Rhein-

gauerhof, Hauptstr.; — *Eisenbahn-Hôtel*, am Rhein, beliebt; *Engel* im Ort; *Bury Crass*, am Rhein.

Eltville, Haupt-Station der nassauischen Eisenbahn mit Landebrücke, bedeutendster Ort und einzige Stadt des Rheingaues. hat eine bis in's graue Alterthum hinaufreichende Vergangenheit. Es wird als Saalhof der deutschen Könige, als oberster Gerichtshof und Münzstätte des Erzbisthums Mainz genannt. Der hohe Wartthurm mit dem Wappen des Erbauers und den vergoldeten Thurmspitzen, nebst der anstossenden Burgmauer, ist der einzige Ueberrest der 1330 von Balduin, Erzbischof von Trier und Verweser von Mainz, aufgeführten *erzbischöflichen Burg*, nahe an der Landebrücke.

Die Bahn führt r. an *Julienheim*, l. am *Steinheimer Hof* vorbei, darüber auf der Höhe *Ober-Walluf*, und weiter r. an *Rheinberg* vorbei zur Station **Nieder-Wallnf**, Nachenstation der Dampfboote. Besuchter Vergnügungsort von Mainz und Wiesbaden. (*Schwan*, gut und nicht theuer; gute Rauenthaler und Wallufer Weine, *Gärtchen* dicht am Strom; *Gartenfeld*, Gärtchen am Rhein, gelobt; *Schöne Aussicht* (Cratz), beliebt).

Schierstein (*Drei Kronen*, mit Gärtchen, gelobt; *Schützenhof*, gut; *Seipel*), Vergnügungsort für Wiesbaden. In der Mitte bedeutender Obstculturen, producirt das alte Weindorf den gelobten Höllberger.

Biebrich-Mosbach.

Gasthöfe: *Bellevue* mit Garten, hübsch am Rhein; — *Krone* mit Garten am Rhein, billiger; — *Europäischer Hof* bei der Dampfbootstation, Familien zu empfehlen. — Gegenüber der *Taunus-Bahnhof;* auf beiden Bahnhöfen Telegraphen-Stationen.

Omnibus der Köln-Düsseldorfer Gesellschaft befördert nach Ankunft jedes Schiffes direct bis zum Hôtel oder zur Wohnung in Wiesbaden à Prs. 70 Pf. mit Gepäck.

Der höchst sehenswerthe *Schlossgarten enthält eine zierliche Ritterburg, von deren Thurm die prächtigste Aussicht in den Rheingau bis Rüdesheim. Am Eingang der Burg Grabmäler der Grafen von Katzenellenbogen, aus der Abtei Eberbach; von 1850 — 1856 diente sie dem Prof. Hopfgarten († 1856) zum Atelier. Der *Park* mit uralten Alleen, Weihern und Wasserkünsten, von Skell in München angelegt, bietet prächtig schattige Spaziergänge.

Von Biebrich zur Station **Curve**, gewöhnlich 2—3 Mn. Aufenthalt, und zur Station

Castel.

Gasthöfe: *Hôtel Barth*, stattliches Haus am Bahnhof, empfohlen, mit Gärtchen.

Restauration: *Anker*, alt und renommirt durch gute Küche und Weine, von Mainz viel besucht; — *Weinstube beim Bürgermeister*, gut.

Notiz. Wer von hier *rheinabwärts* fahren will, braucht nicht die Brücke zu passiren, die rhein. Dampfboote landen auch in Castel.

Castel (im Volksmund Cassel genannt) ist eine Stadt für sich und bildet die Citadelle von Mainz.

Nach Mainz über die Brücke 12 Mn.

Mainz.

Bahnhöfe: Nach Worms, Ludwigshafen und Strassburg, Frankfurt, Darmstadt, Bingen und Alzey *Central-Bahnhof der Hess. Ludwigsbahn* am obern Ende der Rheinstrasse, am Holzthor. — Nach Frankfurt (Taunusbahn) und Wiesbaden *Bahnhof zu Castel.* — Ueberfahrtsdampfboot am Fischthor, Omnibus und Droschken am Central-Bahnhof, welcher im Anschluss an die Stadterweiterung nach dem ehemal. Gartenfeld zu vor das alte Münster-Thor verlegt wird.

Notiz. Für Diejenigen, welche rheinaufwärts bis Mainz gekommen sind, empfiehlt es sich, von hier nach *Wiesbaden* zu gehen, die *Taunus-Bäder* und *Frankfurt* zu bereisen, und dann von Frankfurt über Mainz weiter südlich das Rheinthal zu verfolgen.

Gasthöfe: In der Rheinstrasse neben der Eisenbahn mit Aussicht auf den Rhein zunächst der Landebrücke, und vor der Schiffbrücke: *Englischer Hof* (G. Humbert), viel von Engländern besucht; weiter aufwärts, nach dem Ludwigs-Bahnhof, *Holländischer Hof*, durch Neubau vergrössert; und noch näher zum Bahnhof *Rheinischer Hof*, ältestes Haus; alle drei Hôtels I. Ranges, mit allem Comfort ausgestattet, und verhältnissmässig nicht theuren Preisen; Familien zu empfehlen.

Weiter nach dem Bahnhof folgt das kleine Hôtel *Stadt Coblenz*, mit vorzüglichem Oberingelheimer; — *Hôtel Germania* (J. J. Klomann), neu eingerichtet; *Taunus-Hôtel* (Ww. Wörner); — in der Stadt: *Hôtel Landsberg*, hinter dem Holländ. Hof, sämmtlich Hôtels II. Ranges. Ein altes sehr gelobtes und von Geschäftsreisenden viel besuchtes Haus ist der *Karpfen* auf dem Brand, der *Kölner Hof*, die *Stadt Bonn* ist Reisenden mit bescheidenen Ansprüchen zu empfehlen.

Restaurationen und Weinhäuser: *Bickerle* vor dem Springbrunnen am Theater; *Falk* auch am Theater; *Boland*, Emerunzstr.; *Bahnhofs-Restauration* gute Küche und Weine.

Cafés: *Café de Paris, Café Volk* am Theater, *Pariser Hof* und *Deutsches Kaffeehaus*, nahe am Bahnhof.

Bier: *Café Neuf, Heil. Geistkirche*, renov. Räume rom. Stils: *Actien-Brauerei Meid*, auf dem Kästrich; *Rheinische Brauerei* in Weisenau ¹/₂ St. oberhalb Mainz.

Neue Anlage. *Vollmer*, quer vor der Eisenbahnbrücke, herrliche *Aussicht, wöchentlich mehrmals Nachmittags Concert der *städtischen Kapelle* und von der besten Gesellschaft besucht.

***Saalbau Raimundigarten** (Adlon) am nördlichen Ende der Stadt nächst dem Kurfürstl. Schloss (s. u.) mit herrlicher Aussicht auf den Rhein nach Biebrich und Wiesbaden. Concerte der städtischen Kapelle und Militärmusik; gute Restauration.

Theater: in der Nähe des Doms auf dem Gutenberg-Platz, nur im Winter. Hier auch Symphonie-Concerte der städtischen Kapelle.

Reihenfolge der Sehenswürdigkeiten *bei beschränkter Zeit:* Schiffbrücke — Rheinquai — Dom — Gutenbergdenkmal — Sammlungen im Schloss — Eichelstein — Neue Anlage — Gitterbrücke.

Mainz, Haupt-Provinzialstadt des Grossherzogthums Hessen, am linken Rheinufer, hat 47,700 Einw. und 8000 Mann preuss. und hess. Besatzung, liegt dem Einfluss des Mains gegenüber, in angenehmer und fruchtbarer Gegend, und ist durch eine 572 m. lange *Schiffbrücke* mit Castel, seiner Nebenstadt, dem Brückenkopf der Mainzer Befestigung, verbunden. Zur leichteren Orientirung sind an den Strasseneckеn die Namen aller Strassen, welche zum Rhein führen, *roth* angeschrieben.

Der *Mainzer Dom (Vorm. bis 11¹/₂, Nachm. von 2—6 Uhr geöffnet; zu andern Stunden hat man sich an den Obersacristan, Leichhof beim Eingang zum Dom, zu wenden) ist eines der grössten und interessantesten Baudenkmale auf deutscher Erde. Die ganze Reihe der Entwickelungen, welche die Baukunst seit einem Jahrtausend durchlaufen, sind in ihm vertreten.

Der Dom in Mainz.

Von der südöstlichen Seite führt eine reich verzierte gothische Thür in die sogen. *Memorie*, eine gewölbte Halle von hoher Schönheit. Aus dieser Halle tritt man in den ausgedehnten *Kreuzgang*, welcher den Garten der alten Stiftsgebäude, Bibliothek, Schule etc, umschliesst.

Kreuzgang. Ehe man durch den schönen Eingangsbogen tritt, zur Linken der *Fastrada* Stein, Gemahlin Karl's des Grossen, starb 794 zu Frankfurt.

Durch die Thore tritt man in die grosse gewölbte Memorie, wo ehedem das Gedächtniss aller verstorbenen Stiftsherren und Wohlthäter begangen wurde. Aus der Memorie tritt man in die bei neuern Herstellungen mehrfach veränderte *Nicolauskapelle*, wo die Brendel'schen Chorstühle (1580) aus der ehemal. Schlosskapelle besonderer Erwähnung werth sind. Sie gelten mit Recht als eine der vorzüglichsten Leistungen der Kunst der Renaissance. Sie wurden vor etlichen Jahren von dem hässlichen Anstrich gereinigt. In den Gängen ist beachtenswerth: über dem Eingang zur ehemal. Dombibliothek *Heinrich von Seeboldt*, Vitzthum 1578, in Rüstung, der Letzte seiner Familie. — Das ältere und neuere Denkmal des berühmten Minnesängers Heinrich Frauenlob, welches 1842 Mainzer Frauen und Jungfrauen dem Minnesänger Heinrich von Meissen († 1318), genannt Frauenlob, errichteten. Das Ganze von Marmor zeigt oben Frauenlob's Bildniss, darunter eine Frau, den Sarg des Sängers mit einem Kranze schmückend. Inschrift: „Dem frommen Sänger der heiligen Jungfrau, weiblicher Zucht und Frömmigkeit, das dankbare Mainz.“ Der *Hauptthurm* des Domes bietet eine schöne Rundschau, doch ist die Rundschau vom *Stephansthurm* umfassender. Der Thürmer hat die Schlüssel zum Hauptthurm des Domes (Trinkgeld 50 Pf.).

Vom Dom über den Speisemarkt oder über den Leichhof und Schöfferstrasse erreicht man in wenigen Minuten den Guten-berg-(Theater-)Platz: *Standbild Gutenberg's, von *Thorwaldsen*, 1837 aufgestellt. Johann zum Gensfleisch, genannt Gutenberg, geboren in dem Eckhaus der Emmerans- und Pfandhausgasse gegen Ende des 14. Jahrh., erfand hier im Jahre 1440 die Buchdruckerkunst; er starb 1468.

Gegenüber das *Theater*, 1833 von Moller aufgeführt. Im ö. Flügel *Industrie-Halle* mit festen Preisen. Auf der Westseite der *Tritonplatz* mit gefälligen Anlagen.

Zurück zur breiten schönen Ludwigsstrasse, an deren Ende der Schillerplatz. **Standbild Schiller's** in Erzguss, nach Scholl's Entwurf, 1862 aufgestellt.

Durch die Eppichmauergasse zurück und durch die sogen. Hohl, l. vom Ballplatz hinauf zur *Stephanskirche*. Der Küster wohnt in der Mitte des Kreuzgangs, l. von der Kirche. Die *Aussicht vom *Thurm* umfasst eine seltene Rundschau über das Rheingau, den Taunus und die Bergstrasse, man sieht hier bedeutend weiter als von der Schiffbrücke. Der Thürmer wirft den Schlüssel hinunter, den man mit hinaufnehmen muss; Schelle r. an dem Mauervorsprung, hinter der n. Thurmthür. Trinkgeld 40 Pf.

Durch die Stephanstrasse, den mit schönen Landhäusern besetzten Citadellenweg, links hinab nach der *Citadelle* (Meldung an der Thorwache, wenn man eine Eintrittskarte zur Besichtigung auf der Kommandantur gelöst hat — ein Unteroffizier führt umher. Trinkg. 50 Pf.), auf der Stelle des römischen Castrums, vier Bastionen, der Stadt am nächsten im N. die *Allarm-B.*, O. *Germanicus-B.*, W. *Tacitus-* und im S. *Drusus-Bastion*, auf der Curtine (Verbindungslinie) der beiden letztern, doch mehr nach S. liegt der *Eichelstein*, wahrscheinlich von der 14. und 22. römischen Legion zu Ehren des Erbauers des Castrums, Drusus Germanicus, im Jahre 9 v. Chr. errichtet, und deshalb als ältestes Bauwerk Deutschlands anzusehen.

Durch das Neuthor hinaus gelangt man nach der *Neuen Anlage*. Schöne Promenaden umgeben überall die Stadt, nament-

lich ist aber in der Neuen Anlage durch die Kunst so viel ge-
schehen, dass sie einen der reizendsten Vergnügungsorte am
Rhein bildet; dazu kann man das herrliche Panorama in die
Rhein- und Maingegend nach Biebrich und Wiesbaden, selbst
bei der grössten Sonnenhitze aus dem kühlen Schatten herrlicher
Bäume geniessen. Gute Restauration.

Am Beginn des Schlossplatzes die *Peterskirche* r., von
rotbem Sandstein. Der Kirche gegenüber, durch den 688 m.
breiten Schlossplatz getrennt, die *Kriegs-Hospital-Kaserne*, Saal-
bau-Raimundigarten und die nordöstliche Seite des Platzes ab-
schliessend das ehemalige
Kurfürstliche Schloss, Eigenthum der Stadt. Aus rothem
Sandstein von 1627—1678 erbaut, war es bis 1792 Wohnsitz der
Kurfürsten, in der Revolutionszeit Sitz der Mainzer Klubisten.
später Heumagazin und Lagerhaus. Es enthält einen prächtigen
Saal (Deckenbild: Jupiter führt die Jo in den Olymp) und alle
städtischen Sammlungen. Eintritt: Karte vom „Octroi" an der
Südseite des Schlosses. 50 Pf. à Person.

Parterre: Die römischen und mittelalterlichen **Alterthümer**, die bedeu-
tendste Sammlung Deutschlands. *Im I. Stock:* Die **Gemäldegallerie**; *II. Stock:*
Das **naturhistorische Museum** und im andern Flügel die **Stadtbibliothek**.
Die Sammlung röm. Denkmäler und die Gemäldegallerie sind Mittwoch 2—:.
und Sonntag 9—1 Uhr unentgeltlich geöffnet.

Gegenüber in der Rheinstrasse der *Grossherzogliche Palast*.
ehemals deutsches Ordenshaus, worin sich 1443—50 Gutenberg's
erste Druckerei befand; vortreffliche Fresken von J. Zick und
Ch. T. Schäfer. Die Aussicht vom Altan des Gebäudes ist herr-
lich; daneben das *Zeughaus*, beide aus rothem Sandstein, erbaut
1736, unter Kurfürst Philipp Karl von Elz, alle historisch merk-
würdigen Waffen sind nach Berlin gebracht.

Ueber den Schlossplatz an der Peterskirche vorbei, die
Grosse Bleiche entlang, nach dem alten jetzt fast ganz beseitigten
Münsterthore, ¼ St. vor demselben der schöngelegene **Kirchhof**.
Von da weiter etwa ¼ St. nach dem Dorfe *Zahlbach*, zu
den Ueberresten der berühmten **römischen Wasserleitung**.

VI. Rheinfahrt von Köln nach Coblenz.
a) Köln—Bonn (siehe auch S. 11 u. ff.).

Kölnische- und Düsseldorfer- Gesellschaft. Alle Billete unter 2 M
gelten zur Reise nur am Ausstellungstage, diejenigen à 2 M. und mehr können
auch später einmal benutzt werden; auf letztere kann die Reise unterbrochen
und später fortgesetzt werden, wenn der Reisende sich die Unterbrechung zeitig
vom Conducteur bescheinigen lässt. Die Wochenbillete haben Gültigkeit für :
auf einander folgende Tage.
Das An- und Abfahren per Kahn kostet à Person incl. Freigepäck 10 Pf. —
50 Kilogr. Reisegepäck frei.

Dampfboot zu Berg 2^1,, zu Thal 1^1, Stunde. Einzel - Preise: 90 und 60 Pf.
Wochen-Doppelpr.: 120 und 80 Pf., Jahres-Doppelpr.: 140 und 100 Pf. *Preise der Schnellfahrtbillete:* von Bonn nach Köln 160 Pf., von Köln nach Bonn 110 Pf.

Nachenstationen : Rodenkirchen, Porz, Sürth, Wesseling, Lülsdorf, Widdig, Mondorf.

Landebrücken : Köln (Deutz), Bonn.

Links.	Rechts.
Deutz (S. 9).	Fabriken, dann **Rodenkirchen.**

Durch die Stromwendung erscheint die weite Wasserfläche als geschlossener See, im Vorblick das Siebengebirge.

Landeinwärts auf der Höhe Schloss **Bensberg** (S. 12), Kadettenanstalt. *Nieder-* und *Ober-Zündorf, Lampel*, eine alte *Burgruine* nahe am Ufer, *Lülsdorf, Nieder - Kassel, Rheidt, Mondorf* mit der .alten Siegmündung.

Sürth, Godorf, Nieder-Wesseling, Ober-Wessling, der Strom wendet hier wieder links (im Vorblick Nieder-Kassel), dann folgt Uerdorf mit Windmühle, Hörsel und *Grau-Rheindorf*, mit der Mündung der Rös.

Graupenwerth, Insel, ein ehedem verschanztes Werk, nach seiner fünfeckigen Form *Pfaffenmütz* genannt.

Sieg-Mündung. Die hochgelegene Abtei **Siegburg** (S. 12). Näher ehemal. Benedictiner-Abtei **Vilich** (S. 12). **Schwarzrheindorf**, mit stattlicher Kirche (S. 12), dann durch Dampffähre und fliegende Brücke mit Bonn verbunden Dorf **Beuel** (S. 12).

Auf der ganzen Strecke von Köln bis Bonn flache Ufer. Weidengebüsch (Salix viminalis). *Jesuiter-Hof, Weichels-Hof,* neue geburtshülfliche Klinik, und **Bonn** (S. 13). Landebrücke an Hôtel Rheineck.

b) Bonn—Remagen (siehe auch S. 13 u. ff.).

Dampfboot zu Berg 1^3,,, zu Thal 1 Stunde. Einzel - Preise: 100 und 60 Pf., Wochen- Doppelpr.: 140 und 100 Pf., Jahres- Doppelpr.: 170 und 110 Pf. *Preise der Schnellfahrtbillete:* Remagen - Bonn 130 Pf., Bonn - Remagen 110 Pf.

Nachenstationen : Ober-Kassel, Plittersdorf, Unkel.

Landebrücken : Bonn, Königswinter, Rolandseck, Remagen.

Beuel, am ganzen Ufer Wäschereien und Bleichereien, landeinwärts grosse Cementfabrik. **Obercassel** (S. 20), mit altem Kirchthurm, und Traject nach Bonn. Abtei Rammersdorf, landeinwärts am Walde.

Bonn, Landebrücke, alter Zoll. die Landhäuser der Coblenzer Allee. **Plittersdorf**, dahinter Ruine Godesberg (S. 16), *Rüngsdorf*, Villa des Herrn von Camphausen, landeinwärts Muffendorf, daneben der Lü-

Links.

Nieder - Dollendorf (S. 20), darüber der Petersberg mit Kapelle, die Lungenburg, am Fuss des Petersberges.

Königswinter (S. 47), am Fuss des Siebengebirges (S. 47), zunächst der *Drachenfels* (S. 47), *Breitberg* und *Löwenburg* (S. 47), das Thal des Rhöndorfer Baches begrenzt die südlichen Basaltfelsen des Drachenfels und der *Wolkenburg* (S. 48), und weiter zurück des *Schaller-* und des *Geisberges*, Röhndorf.
Honnef (S. 48) zieht sich mit seinen Landhäusern bis an den Rhein hinan.

Rechts.

hesberg, ein Basaltkegel, dann dicht am Rhein ein hübscher Park mit Landhaus, landeinwärts Lannesdorf, und wieder am Rhein Mehlemer - Aue durch eine fliegende Brücke verbunden mit dem Drachenfels gegenüber Mehlem (S. 16), mit dem *Roderberg* (S. 17) dem nördlichsten der erloschenen Vulkane der Rheinprovinz. Von diesem Punkte beginnen die Erhebungen der Eifel, deren Vorberge schon von Brühl aus sichtbar waren.

Rolandswerth, darüber im Vorblick der *Rolandsbogen* und Aussichtsthurm (S. 16).

Das Boot fährt zwischen zwei Inseln hindurch. Insel Rolandswerth oder Nonnenwerth (ca. 38 Hektare gross) trägt die stattlichen Gebäude eines Frauenklosters. S. 17. Die zweite Insel, $\frac{1}{3}$ so gross, nach dem r. Ufer gelegen, heisst Grafenwerth, trägt eine Meierei, und ist mit der ersten und mit dem Lande durch eine Fähre verbunden. Ueberall viel Weiden an den Ufern.

Von Honnef aufwärts sind die Gerölle auf einer deutlich bezeichneten und ausgedehnten Terrasse bis aufwärts Dattenberg abgelagert.
Ruine, künstl., Eigenthum des Herrn Weyermann.
*Rheinbreitbach, Scheuern,*Unkel.
Erpel (S. 20), am Fuss der Erpler-Lei 196,2 m., eine steile in den Strom vorspringende Basaltpartie, die grösste ihrer Art am Rhein.

Das Schiff wendet um die südliche Spitze der Insel zur Landebrücke.
Rolandseck (S. 16), mit stattlichem Bahnhofsgebäude, n.-w. davon Villa des Herrn Deichmann aus Amsterdam.
Oberwinter.
Der Birgler Kopf, an den kahlen, gelben Wänden kennbar.
Marienfels, Schloss.
Apollinariskirche (Seite 17), Stationen von der Kirche zur Stadt Remagen (S. 17).

c) Remagen—Coblenz.

Nachenstation: Erpel, Breisig, Brohl, Leutesdorf, Engers.
Landebrücken: Remagen, Linz, Andernach, Neuwied, Coblenz.

Links.

Kasbach, *Ockenfels*, die neue *Villa Forstmann*, *Linzerhausen*, dahinter *Ruine Ockenfels* und **Linz** (S. 20). Mit Ringmauern und altem Thurme. *Dattenberg* (S. 20), Burgruine. *Leubsdorf* (S. 20), ehem. Königshof, kleines Gebäude mit vier Thürmchen. *Ahrenfels* (S. 20), Schloss des Grafen Westerhold, davor am Rheinufer **Hönningen** (S. 20), beide am Fusse des Hönniger Waldes. Die bewaldeten Ufer, einzelne Kuppen und Schluchten zeigend, treten etwas zurück und erreichen den Rhein wieder bei *Rheinbrohl* S. 19, mit schöner gothischer Kirche, vor mächtigen Grauwackenfelsen, die zum Theil weggesprengt, sich im Rhein spiegeln. Vor Weinbergen Dorf *Niederhammerstein* (S. 20), dann *Oberhammerstein* (S. 20), mit **Ruine Hammerstein** (S. 21), die man ihrer ganzen Länge nach bis zum Thurm passirt.

Rechts.

Remagen, das Boot fährt um die Erpler-Lei, mächtiger Basaltsteinbruch, und am flachen Ufer entlang nach *Kripp*. (Fliegende Brücke nach Linz.)
Ahrmündung, **Sinzig** (S. 18), $^1/_2$ St. vom Rhein, hinter ausgedehnten Wiesen und grossen Obstplantagen. Bewaldeter Höhenzug begrenzt den Horizont. **Niederbreisig** (S. 18), an der Mündung eines kleinen Thales gelegen, dessen beide Endpfeiler sich besonders deutlich am Horizont abzeichnen. Mündung des *Vinxtbachs*, Grenze zwischen Germania superior und inferior, zur Römerzeit. Auf stolzer, waldbewachsener Felsenhöhe **Schloss Rheineck** (S. 18), Herrn von Bethmann-Hollweg gehörig. Abgesprengte Felspartien. Hafendamm. Dörfchen *Nippes* dahinter **Brohl** (S. 19), vor der Mündung des *Brohlthals*. Dann *Fornich*, wenige Häuschen mit uralter Kapelle.

Lange mit Weiden (Salix viminalis) bepflanzte Insel.

Leutesdorf (S. 21), stattlicher Ort mit hübschen Villen.

Kulturen und einen Ackerhof tragende Insel, deren N.- und S.-Ende durch starke Steindämme mit dem linken Ufer ober- und unterhalb verbunden ist.

Links im Vorblick Dörfchen *Fahr*, und das 316 m. höher gelegene *Wollendorf*; man

Am Rheinkrahn, Wartthurm und Dom, Wahrzeichen **Andernachs** (S. 19), vorbei zur

Links.   **Rechts.**

sieht bald die weissen Ge-   Landebrücke, vor dem alten
bäude des *Schlosses Monrepos.* Stadtthor gelegen.
Neuwied (S. 21), neueren Ur- *Links-rheinischer Bahnhof Neu-*
sprungs, durch eine Dampf-   *wied* (S. 21) durch eine Dampf-

fähre und eine fliegende Brücke mit einander verbunden. Im
Vorblick Insel, mit Gebüsch bewachsen. Zu beiden Seiten dehnt
sich das sogen. **Neuwieder Becken** aus.

Heddesdorf, darüber Mon-   *Weissenthurm,* Kirche, Denk-
repos, und am Horizonte im   mal, Obelisk, an General
Halbkreise, am Fuss des Ge-   Hoche, der 1797 hier über den
birges gelegen, die Dörfer Nie-   Rhein ging.
derbieber, Oberbieber, Rom-   Am Horizont Dorf Kettig am
mersdorf, Heimbach, Weiss   Rhein; Kapelle, dann land-
und **Engers** Schloss (S. 21).   einwärts die Dörfer Kehr-
Mündung des Saynbaches. *Mühl-* lich und Mühlheim und am
hofen (S. 21), landeinwärts die Rhein *Urmitz* und *Kalten-*
Concordiahütte, dahinter Burg   *Engers.*
Sayn, Ruine. *Bendorf* (S. 21), *Kesselheim,* landeinwärts die
in einem Obsthain.   Dörfer Bubenheim, mehr zu-
Weitersburg. — Die Höhen tre-   rück Rübenach, rechts da-
ten steil an das Ufer heran.   von die Rübenacher Höhe
                                 112 m., dann Dorf Bassen-
                                 heim mit dem Kamillenberg
                                 116 m., über welche die Strasse
                                 nach *Mayen* führt.

Das Boot fährt auf der seeartig breiten Wasserfläche zwischen
der langen Insel **Niederwerth** mit dem Dorfe gleichen Namens
und dem l. Rheinufer hin. Früher auch Unterwerth genannt,
zum Unterschied der oberhalb Coblenz gelegenen Insel Oberwerth. Kloster Niederwerth, 1242 erbaut von W. v. Helfenstein,
seit 1580 Cistercienser Nonnen-Abtei, 1874 aufgehoben.

Fast durch die Insel verdeckt Wenn **Kesselheim** passirt ist,
der gewerbreiche Ort **Vallen-** kommt die Schlossruine *Schön-*
dar (S. 22), dann **Mallendar** *bornlust* (jetzt Oeconomiege-
(S. 22), darüber ehemal. Tem-   bäude, in Sicht, dann fährt
pelherren-Comthurei Besse-   man an den Orten *Wallers-*
lich, und etwas höher das   *heim* und dem langgestreck-
Dorf *Urbar* (S. 22).   ten *Neuendorf,* mit ergiebigem
Alterthümliche, reich verzierte Alsenfang, vorbei.
Gebäude, und neue Bauten   **Moselmündung,** **Moselbrücke**
von   und Landebrücke von **Cob-**
Ehrenbreitstein (S. 25).   **lenz** (S. 22).

VII. Das Siebengebirge.

In 5 bis 6 Stunden kann man die Hauptpunkte kennen lernen. Am angenehmsten, wenn man eine Nacht in Königswinter bleibt, dann am Nachmittage vom Drachenfels den Sonnenuntergang, ein erhabenes, prachtvolles Schauspiel, betrachtet. Hauptstation für das Siebengebirge ist das Städtchen Königswinter (s. unten), 10 Mn. von der Eisenbahnstation Mehlem (S. 16) am l. Rheinufer entfernt und durch eine fliegende Brücke mit derselben verbunden.

Königswinter.

Gasthöfe: *Europäischer Hof; Hôtel de Berlin* (L. Koch), mit hübscher gedeckter Veranda und grossem Garten, Pensionspreise, Familien empfohlen, beide l. R. am Landeplatz der Dampfboote, allen Ansprüchen genügend; *Hôtel Rieffel*, auf der Hauptstr., zuvorkommender Wirth, vielseitig empfohlen, mit Garten und Pension. — *Hôtel Schmitz*, am Rhein, genannt *Cölner Hof*, Gasthof und Pension, dem Badeschiff gegenüber, mit anmuthigem, schattigen Vorplatz, Pensionspreis von 3,50 M. an; *Düsseldorfer Hof*, am Rhein unterhalb der Landebrücke, gelobte Küche.
Lohnfuhrwerk: Einsp. zum Drachenfels 6 M., Zweisp. 7 M., mit Aufenthalt, von 2 St. und zurück 7 M. und 8,50 M. — *Heisterbach* 3,50 M. und 5 M., u. z. 6 M. und 8,50 M. — *Honnef* 2 M., 3 M. u. s. w. „Accordiren".

Von Königswinter zum Drachenfels. Von der Dampfbootbrücke breiter Fahrweg zwischen den Hôtels durch, quer durch den Ort, dann über die Eisenbahn, dann r. eine Eselstation, ziemlich steil bergan, den alten Reitweg entlang, welcher an der Westseite des Felsens zum Theil durch Gebüsch in ³/₄ St. hinaufführt.

Auf dem Plateau, wo die ehemalige Vorburg mit den Ställen lag, der sogen. Terrasse, *Hôtel Mattern* (Zimmer von 2 M. an, guter Rothwein, Drachenblut und Drachenblut-Auslese, empfehlenswerthes Getränk, Pension von 4¹/₂ M. an). *Denkmal* an die Errichtung des freiwilligen Landsturms 1813—1815, durch Kaiser Wilhelm I. renovirt 1876.

Der *Drachenfels* ist zwar einer der niedrigsten, doch bei weitem und mit Recht der besuchteste von den sieben Bergen. Schon ehe ihn Lord Byron besungen hatte, war sein Gipfel einer der besuchtesten Punkte am Rhein. Das nicht so weit wie vom Oelberge reichende Panorama wirkt eben durch seine Beschränkung malerisch schön.

Haupttour durch das Siebengebirge: Von Königswinter über Petersberg, Heisterbach, Stenzelberg, grossen Oelberg,

Margarethenkreuz, Löwenburg, Wolkenburg, Röhndorfer Thal.
Röhndorf, Honnef, bis Rheinbreitbach.

Von Königswinter l. den **Petersberg** an den Stationen
vorüber in schattigen Laubwegen hinan bis zur Kapelle (daneben
Wirthschaft), hübsche Aussicht; dann l. auf nicht zu fehlendem
Wege, an dem grossen Steinbruch vorbei, nach **Heisterbach**:
der *Nonnenstromberg* bleibt r. liegen; in 1 St. ist man dann
(von Königswinter aus) an der *Ruine *Heisterbach*, Cistercienser-
Abtei, 1202—1233 erbaut.

Gipfel des **grossen Oelbergs** (Auelberg) mit entzücken-
der Aussicht bis zum Taunus und vollständigem Ueberblick
des Siebengebirges. Das Haus (Whs.) auf dem Berge ist wieder hergestellt, und der Berg durch Anlage neuer Wege von
Margarethenhof bedeutend zugänglicher geworden. (In 1 St.
20 Mn. kann man wieder in Königswinter sein, guter, nicht
zu fehlender Weg.)

Vom Drachenfels führen Wege nach dem Oelberg und der
Löwenburg. Kleinere Touren sind von Königswinter über
Drachenfels und die *Wolkenburg* nach dem Oelberg; von Königswinter: Drachenfels, Löwenburg, Röhndorf und nach Königswinter zurück.

Von Röhndorf nach Königswinter 30 Mn. am Rhein entlang.
angenehme Promenade, am Wilsdorfer Hof (Erfrischungen) vorbei. Bei der Pappelgruppe vor Königswinter *Echo. Auch mit
Nachen, in Röhndorf accordiren. — In 20 Mn. nach
Honnef (S. 44). (*Hôtel Klein und *Klein's Hôtel garni*.
Equipagen und Bäder im Hôtel; *Zu den sieben Bergen*; *Hôtel Weis-
berg*; Pension bei Dr. *Berghes*, für Zimmer und Kost 4¹/₂ M., für
längeren Aufenthalt zu empfehlen.)

Von Honnef ist der anmuthigste Aufgang zur Löwenburg:
schöner Weg über die sog. Zickelnburg (ein Bauernhaus) nach
Menzenberg.

VIII. Das Ahr-Thal.

Remagen (s. S. 17) ist als Ausgangspunkt zu wählen; wenn
aber die *Ahrthal-Bahn*, deren Bau bevorsteht, zur Ausführung
gekommen sein wird, dann wird Bahnstation *Sinzig*, für welche
bereits zur Vergrösserung des Bahnhofs bedeutende Grundflächen
angekauft sind, den Haupteingangspunkt in das Ahrthal für den
Reiseverkehr bilden.

Entweder von Remagen auf der Chaussee nach Sinzig (Köln-

Mainz) $^1_2$ St., dann rechts in 10 Mn. zur Strasse Sinzig-Ahr-weiler; oder von der 1873—74 neuerbauten, steinernen Brücke bei Sinzig l. zur Einmündung des Weges von Remagen 10 Mn., und von diesem Einmündungspunkt auf der Ahrthal-Chaussee nach **Bodendorf** $^1_2$ St., stattliches Pfarrdorf mit hübscher, neuer Kirche. Im Wirthshaus am Eingange guter Bodendorfer. Am Ausgange r. Geburtshaus des rheinischen Dichters Wolfgang Müller von Königswinter; l. Landhaus des Landraths von Groote in Ahrweiler. — Weiter auf der Chaussee in $^1_4$ St. **Lohrsdorf** am Fuss des mächtigen Felsenvorsprungs, der die Ruine Landskron trägt. Durch's Dorf aufwärts zur Ruine $^1_2$ St., bequemster Aufweg. Weiter führt die Ahrthal-Chaussee um die Landskron herum. an der W.-Seite die *„Landskron-"* und die *„Heppinger Mineral-quelle"*, letztere in der Einfassung vor dem Hause, erstere im Hause selbst r. Dorf **Heppingen** $^3_4$ St. (*Zur Landskron*, gut) 8 Mn. vom Dorf Heppingen der **Apollinaris-Brunnen.**

Nach 8 Mn. **Neuenahr,** bekannter Badeort.

Gasthöfe: *Kurhôtel* (H. J. Peters) mit Tarif-Preisen, *Post- und Telegraphen-Bureau* in directer Verbindung mit den Bädern; — *Hof von Holland* (Schmitter); — *Hôtel Victoria* (Clement jr); — *Zur Flora* (C. Schröder); — *Hôtel zur Post* (Frau Bonnenberg). — *Hôtel Bonn zur Krone.* —

Vom Kurhaus an den Anlagen vorbei, über die Brücke, die neue evangel. Kirche r. lassend, gerade aus zur Ahrthal-Chaussee. und l. weiter in $^1_2$ St. **Ahrweiler** (*Drei Kronen*, am Oberthor. beim Eingang in die Stadt, gelobt, Pensionspreise; *Stern*, am Markt, vortrefflicher Wein, freundliche Bedienung), Kreisstadt mit 4200 Einw., die gut erhaltenen Ringmauern und Thore geben dem Orte ein alterthümliches Ansehen.

Hinter Ahrweiler an der kleinen Kapelle „Deo" vorbei in ein Weinberggelände zu beiden Seiten der Chaussee bis an den Fuss der Berge und an diesen in sehr gut gehaltenen Stein-terrassen aufwärts. In grossen weissen Buchstaben die Namen der Eigenthümer an den Weinbergsmauern. L. hat man den schönsten Punkt bei Ahrweiler. **Kloster Calvarienberg,** 20 Mn. von der Stadt, mit stattlichem Kirchenschiff. Das Kloster, Wallfahrtsort, wurde 1678 erbaut, 1838 renovirt. Von der letzten Station lohnende Aussicht.

Walporzheim, 25 Mn. weiter, berühmter Weinort. In der Posthaltestelle, mit der Statue des heil. Petrus über der Thür und schön gehaltenem Garten hinter dem Hause, ist der Walporzheimer gut und nicht theuer. Hinter dem Dorfe erreicht man bald das Ufer der Ahr. R. und l. Weinbergs-Terrassen. Die Felswände nehmen bizarre Formen an, und da, am Wehr, wo das linke Ufer gemauert ist, steht man unter der mächtigen Felspartie die „bunte Kuh", welche man schon beim Austritt

aus Walporzheim erblickte. Oben Restauration. Weiter am Flusse
entlang nach *Marienthal* am *Trotzenberg*, an den besten Wein-
bergslagen *Domlei* und *Klosterlei* vorbei, 10 Mn. (Wirthschaft
Kriechel, freundliche Leute), mit der Kirchenruine, zum Kloster
Marienthal (1646 zerstört) gehörend. — Die Chaussee führt in
15 Mn. nach *Dernau*, zwischen Obstbäumen und etwas von der
Strasse r. ab gelegen, mit hübscher Kirche. — Zum weissen Kreuz
³⁄₄ St., prachtvolle Aussicht. (Wer zu Wagen ist, schickt denselben bis an den Punkt, wo der Fussweg vom weissen Kreuz
auf die Chaussee kommt oder gleich nach Altenahr voraus.)
    Altenahr (*Hôtel Winkler* in hübscher Lage, Familien em-
pfohlen, beliebtes Haus für längern Aufenthalt; *Zum weissen
Kreuz*, für bescheidenere Ansprüche sehr empfehlenswerth, warmes
Abendessen, Logis und Frühstück 2 Mk.). Die 500 Einw. des
hübschen, kleinen, in einem Felsenkessel gelegenen Ortes treiben
hauptsächlich Weinbau, weil die an einander strebenden Felsen
wenig Raum für den Ackerbau lassen.
    Zur Burg *Ahre (Ahrburg), 15 Mn. vom Hôtel Caspari.
wo auch der Castellan besorgt wird, der oben aufschliesst; der
jetzige Besitzer, Herr Faber, lässt sich oben für die Benutzung
der aufgestellten Bänke und den Genuss der Aussicht vom
Pavillon, welchen er im Stand hält, pro Person 50 Pf., von
Kindern unter 12 Jahren 25 Pf. zahlen.

IX. Das Brohl-Thal.

    Brohl S. 19; am Bahnhof Wagen nach Tönnisstein 9 und
12 M., accordiren.
    Hinter Brohl Eingang in das Thal, an der nördl. Bergwand
eine Papierfabrik mit Anlagen und Gewächshäusern. Die Tuff-
steinbrüche, deren Bau weite Höhlen und Gänge mit ausge-
sperrten Pfeilern bildet, beginnen hinter dem Ort und geben
dem Brohlthal das malerische und abwechselnde Ansehen.
    Dies ist die schönste Partie des Thales, bietet aber wenig
Schatten und die Chaussee ist bei anhaltender Trockenheit em-
pfindlich staubig für den Fussgänger.
    Nach 20 Mn. l. eine Trassmühle; 15 Mn. die *Schweppenburg*
des Herrn von Geyer auf einem mässigen, aus dem Thale auf-
steigenden Bergkegel, im Garten röm. Altar; 15 Mn. davon auf
der anderen Seite der Chaussee der *Heilbrunnen*, zum Bad
Tönnisstein gehörig; in 25 Mn. auf der Chaussee nach **Tönnisstein,** Badeort.
    Dorf *Wassenach*, die breite Strasse gerade durch, an der ge-
pflasterten Querstrasse bleibt das Wirthshaus l. liegen. (*Zum
Laacher See*, dürftig. Rathsam, sich in Tönnisstein zu restauriren

oder bis Laach zu warten.) Von hier senkt sich die Strasse
nach dem See; Hohlweg, vulkanischer Sand. Durchblick auf
den See. R. der Veitskopf. Ueberraschend ist der Anblick
des runden fischreichen **Laacher See.**
Am südwestl. Ufer des See's die 1873 vom Staat geschlossene
Benedictiner-Abtei Maria-Laach, von 1093—1156 vom Pfalzgraf
Heinrich II. gestiftet, mit fünf Thürmen, Kuppel und Krypta.
Die im edelsten Rundbogenstil erbaute Kirche wurde 1802 von
den Franzosen vollständig geplündert. Die Kirche ist Eigenthum des Staats und Gottesdienst wird nicht darin gehalten;
zur Besichtigung wende man sich an den Wirth des *Hôtel Maria
Laach* (Dahmen); hier auch Pension 3—3½ M., sehr empfehlenswerth für längern Anfenthalt.
Eine Stunde südl. vom Laacher See die grossen *Basalt-
lavagruben von Nieder-Mendig. Vom Hôtel, die Abtei und
den umschlossenen Garten r. lassend, nach der Spitze des See's
zu; der 1. Weg l. geht nach Kruft, der 2. l. nach den Steinbrüchen, die vermuthlich die Römer schon betrieben. Führer
mit Fackel 1 M., Besichtigung 1 St., in den bis 20 m. tiefen
unterirdischen Gewölben eisige Luft und Eiszapfen im Sommer,
ja auf der Sohle Eismassen. Die Gruben liefern Mühlsteine,
Treppenstufen, Pflastersteine. Die verlassenen Hallen werden
als Bierkeller des Herrn Iken benutzt. Der ganze Grubenbezirk
heisst „in den Leyen". Nieder-Mendig (*Müller, Felsenbier.
Man sei vorsichtig im Genuss des sehr erfrischenden, aber eisig
kalten Biers). Bahn nach Andernach 14 Kilm. über Kruft und
Plaidt in 1 St. Rüstige Fussgänger gehen in 2½ St. von N.-Mendig
nach Andernach.

X. Das Mosel-Thal.

Die **Mosel** bildet auf der Strecke von Trier bis Coblenz 191
Kilm. — (Trier-Berncastel 63 Kilm., Trier-Zell 104¼ Kilm., Trier-
Cochem 140,₅ Kilm.) — unter allen deutschen Flüssen die meisten
Krümmungen.
Treffliche Dampfboote gehen täglich, wenn es der Wasserstand erlaubt, zwischen Coblenz und Trier: zu Thal in 11—12 St.;
zu Berg in 1½ Tagen. (Wegen zu niedrigen Wasserstandes
müssen die Fahrten häufig eingestellt werden.) Die Restaurationen
auf den Moseldampfern stehen denen auf dem Rheine nach.

Moselbahn. Auf der ganzen Strecke Coblenz-Diedenhofen werden in jeder
Richtung täglich 4 Züge cursiren, mit der Massgabe, dass die letzten ca. 7 Uhr
Abends von Coblenz resp. Diedenhofen abgelassenen Züge an demselben Tage
nur bis Trier und erst an andern Morgen zu ihren Endpunkten laufen. Der
erste, also in der Frühe nur aus Trier abgehende Zug dürfte ca. 7½ Morgens
in Coblenz eintreffen.

4*

XI. Rheinfahrt von Coblenz nach Bingen.

Dampfboot zu Berg 5, zu Thal 3¹/₂ St., Einzelpr. 270 u. 180 Pf.; Wochen-
doppelpr. 370 u. 240 Pf.; Jahresdoppelpr. 440 u. 290 Pf.
Preise der Schnellfahrtbillete von Bingen nach Coblenz 400 Pf., von
Coblenz nach Bingen-Rüdesheim 850 Pf.
Nachenstationen: Capellen, Niederspay, Camp, Hirzenach, St. Goarshausen,
Oberwesel, Caub, Bacharach, Lorch, Heimbach, Schloss Rheinstein (Assmanns-
hausen).
Landebrücken: Coblenz, Lahnstein, Boppard, St. Goar, Bingen.

Das Boot fährt von *Coblenz* (S. 22) durch die Ponton-
Oeffnung der Schiffbrücke am kaiserlichen Schloss vorbei durch
den mittleren Bogen der Eisenbahnbrücke, Richtung Schloss
Stolzenfels.

Links.	Rechts.
Pfaffendorf (S. 32), im Rück-blick die Pfaffendorfer Höhe mit dem Asterstein (171 m.), und der Ehrenbreitstein.	Neue Anlagen (S. 24). Darüber die Höhen der Karthause (161 m.) mit Festungswerken.

Insel **Oberwerth,** mit grossen Oekonomiegebäuden, chem.
adliges Damenstift, von den Franzosen 1798 aufgehoben.

Villa des Banquier Mendelssohn. **Horchheim** (S. 33), von einem Obsthain und Rebgeländen umgeben. *St. Johanniskirche* (S. 33), da-hinter Stat. **Niederlahnstein** (S. 33), am Fusse des *Aller-heiligenberges,* der sich 106 m. über der Lahn erhebt, Kapelle wie Stationen sind deutlich zu erkennen. *Lahnmündung,* Bahngitterbrücke, dahinter eine zweite Brücke für die Chaussee nach Coblenz, Blick in das *Lahnthal.* Stadt **Ober-Lahnstein** (S. 33), dahinter auf isolirtem Bergkegel Burg **Lahneck** (S. 33). Eigenthum des Herrn Göde. Ueber der Stadt und seitwärts Burg **Lahneck** die Heilige Geist - Kapelle. — Weisse Mauern schimmern durch	Auf der Höhe der Karthäuser Hof, ein Tempel, und die **Laubach** (S. 26), Wasserheil-anstalt. Landhäuser; **Capellen** (S. 26). Darüber auf bewaldetem Berg-abhang zeigen sich die Umrisse der mittelalterlichen Pracht-burg mit Kapelle, Thürmchen, Ringmauern, Wartthurm und einem vom Bootfahrer erkenn-baren Freskogemälde (Kaiser Ruprecht und Graf Hohen-zollern besuchen den Erz-bischof von Trier); **Schloss Stolzenfels** (S. 26). Ueber dem Schloss der präch-tige Aussichtspunkt, der *Küh-kopf.* Lagerhaus des Heilbrunnens bei Rhense — Durch Nuss-bäume fast verdeckt (et-was weiter oberhalb als jen-

Schloss Stolzenfels.

Links.

Obstbäume. es ist die *St. Marien-* oder *St. Wenzels-Kapelle* (S. 33), in welcher am 20. August 1400 Kaiser Wenzel von den rheinischen Kurfürsten abgesetzt wurde. — **Braubach** (S. 33), mit der auf hohem Fels gelegenen *Marxburg* (S. 33).

Im engen Thale die Gebäude des *Dinkfelder Brunnens*, Stahlwasser, dem Schwalbacher ähnlich.

Osterspay (S. 34), darüber auf bewaldeter Anhöhe *Schloss Liebeneck* (S. 34), Eigenthum der Familie v. Preuschen. Das Boot wendet sich scharf l. bei dem Dorf *Filzen.*

Ungefähr dem südlichen Ende von Boppard, dem Pavillon auf dem Eisenbolzberg gegenüber, beginnt das nördliche

Rechts.

seits die St. Wenzel-Kapelle) der **Königstuhl** zwischen Rhein und Landstrasse. **Rhense**, mit Thürmen und Mauern. — Trass- und Sandstein-Fabrik am Rheinufer. — Landeinwärts Dörfchen Brey mit schlanker Kirchthurmspitze.

Niederspay, durch eine Allee mit dem dicht dabei liegenden *Oberspay* verbunden.

Verfallene Kapelle des ehemal. Dorfes Peterspay. Auf der Höhe der Jacobsberger Hof. Die Rebgelände des *Bopparder Hamm* treten immer mehr hervor.

Altenburg, Tempel. Das Mühlthal mit dem Mühlbad, **Boppard** (S. 26), Waisenhaus, Pfarrkiche (Dop-

Links.

Ende von **Camp** (S. 34), darüber auf der Höhe ein römischer Lagerort.

Auf der Höhe Ruine *Sterrenberg* (S. 34), darunten Kloster *Bornhofen* (S. 34), auf dem Felsenhang Ruine **Liebenstein** (S. 34). Auf fruchtbarem Vorland *Niederkestert* (S. 34), etwas landeinwärts *Oberkestert*.

Das Boot umfährt das stark vorspringende Felsenufer im Bogen nach links — kleine Insel rechts — *Ehrenthal*, kleine Häusergruppe, von Bergleuten bewohnt.

Wartthurm v. Gagern Wellmich (S. 34), darüber die **Maus** (S. 34), Ruine. — Mürflung des Hasenbach - Thales. **St. Goarshausen** (S. 34), darüber die **Katz** (S. 35), Ruine, daran das Schweizerthal. — Pavillon auf dem *Hühnerberg*.

Ausgang des 383,₄ m. langen Lurlei-Tunnels. Im Rückblick bilden die Conturen des Felsens das Gesichts-Profil Napoleon's I.

Rechts.

pelthürme), Marienberg, Wasserheilanstalt, hochgelegen, Martinstift, am südlichen Ende.

Der Eisenbolzberg dehnt sich von Boppard bis Salzig aus, an welchem die Terrassenbildung deutlich zu erkennen. *Salzig* (S. 27) mit Mineralquelle, Hôtel Rheinberg.

Fleckertshöhe, an der Strasse nach Simmern, in's Nahethal (Seite 58) und in's Moselthal (S. 51). Darunter *Hirzenach* (S. 27). Darüber das Prinzenköpfchen.

Feste **Rheinfels** (S. 27), Eigenthum des deutschen Kaisers. Am Fuss der Feste Rheinfels, mit ihr durch eine schattige Nussbaum-Allee verbunden. **St. Goar** (S. 27), Kreisstadt. Eingang des *Tunnels an der Bank*.

Der Rhein umbraust eine Anzahl Klippen, die **Sieben Jungfrauen** genannt, die nur bei niedrigem Wasser aus der Flut hervorragen; das Boot hält sich fast immer in der Mitte des Stromes.

Mündung des Urbach - Thales. Der Rhein wird durch einen scharf vorspringenden Felsen eine Krümmung zu machen gezwungen, es ist der Rossstein, durch welchen der 395,₄ m. lange *Rossstein - Tunnel*

Ochsenthurm. Oberwesel(S. 28), mit der Martins- und Frauen- oder Stiftskirche. Ueber der Stadt erblickt man schon von Weitem, zugleich mit Oberwesel, die herrliche *Ruine Schönburg* (S. 28).

L i n k s.   **R e c h t s.**

führt, dessen Ausgang ein hübsches Portal ziert. **Caub** (S. 35). Darüber *Ruine Gutenfels.*

Die Pfalz. In der Neujahrsnacht 1814 giugen hier die Preussen unter Blücher über den Rhein. Bei der 50jährigen Feier dieser Waffenthat wurde dieselbe auf einer, in das Mauerwerk der Pfalz eingelassenen Metalltafel verewigt.

Gegenüber des am obern Ende von Bacharach gelegenen Bahnhofs steigt der *Teufelskädrich* (S. 35), eine vorspringende Felsenmasse, 400 m. empor; oben prachtvolle Aussicht. **Lorchhausen** (S. 35), im Mittelalter Grenze des untern Rheingaues, mittelst des *Gebücks* wie bei *Walluf* am obern Ende. *Lorch* (S. 35), einer der ältesten Flecken am Rhein, darüber *Ruine Nollig* (S. 35), mit der sogen. *Teufelsleiter* (S. 35), Eingang in's **Wisperthal.** Der *Mandelberg*, die linke Seite der Wisperthal Mündung bildend. Dann der Bahnhof von Lorch.

Bacharach (S. 28). Tief hinabgesunken von der Höhe. welche die alte Stadt einst erklommen, liegt sie jetzt innerhalb ihrer altersgrauen Mauern und Thürme still und düster da. Romantisches Ansehn verleiht dem Städtchen **Ruine Stahleck** (S. 29), mit schöner Aussicht. — Nach den Dörfchen *Neurath* und *Mendenscheid* auf der Höhe *Ruine Fürstenberg* (S. 29), auf halbem Bergabhang, der Bach am Fuss des Burgberges schied einst Cur-Mainz von Cur-Trier. — *Rheindiebach. Ruine Heimburg* (S. 29), zu Füssen das langgestreckte Dorf *Nieder-Heimbach.*

Die *grosse Aue*, Niederheimbach gegenüber und näher dem jenseitigen Ufer; oberhalb derselben die *kleine Aue.*

Oberhalb der kleinen Aue dehnt sich der *Geisberg* 439 m. bis zum nächsten höchsten Punkt, der 455 m. hohen *Waldburger Höhe*, aus, ein Rebgelände, welches einen feurigen, tief gelben Wein, den Bodenthaler, liefert.

Burg Sooneck (S. 29), Eigenthum des deutschen Kaisers, der Prinzen Carl und Albrecht von Preussen.

Trechtlinghausen (S. 29.) Mündung des Morgenbachthales (S. 29). Die *Falkenburg* (Reichenstein) (S. 29). Die *Clemens-Kapelle* (S. 29).

Assmannshausen (S. 35), bekannt wegen seines Rothweins, Ausgangspunkt für die Partie auf den Niederwald (s. S. 60).

Stromauf erscheint am linken Ufer **Schloss Rheinstein** (S. 30), aus einer ehemaligen Raubburg, seit 1825 in mittelalterlichem Stile erbaut.

Das Boot, ziemlich die Strommitte haltend, r. auf der Höhe das *Schweizerhaus*, l. der *Rosselthurm* und die *Klippe* auf dem Niederwald, nähert sich jetzt dem *Binger Loch* dessen Felserreste, namentlich bei niedrigem Wasserstand, und Stromwirbel die Aufmerksamkeit des Reisenden fesseln.

Links.

Durch die Anordnung, dass die kleinern (grünen) Dampfboote zwischen *Assmannshausen* und *Rheinstein* halten, ist es den Reisenden sehr bequem gemacht. schon hier auszusteigen und die interessanten Partien zu beginnen. — Die **Rossel** (332 m.). **Ruine Ehrenfels** (S. 36), deren Herstellung recht zu wünschen wäre.

Rechts.

Das *Schweizerhaus* auf steilem grauen Felsvorsprung, ehem. Faitzberger Hof, Oekonomie, und zur Burg *Rheinstein* gehörend. Erbaut 1842 bis 1844. — *Weilerkopf*, 360 m. Höhe. Am Ufer entlang erstrecken sich die Bauten zur Correction des Rheins. *Denkmal* zur Erinnerung an die Sprengarbeiten. — Darüber die *Elisenhöhe*, viel besuchter Aussichtspunkt.

Im Rhein, auf kleiner bewaldeter Aue, steht auf einem Quarzfelsen der viel besungene und sagenreiche **Mäusethurm**, Mauthsthurm, Mausthurm, vielleicht abgeleitet von Mauth, oder auch, da der Thurm ehemals ein Waffenplatz war, von Muserie (Geschütz). Wahrscheinlich als Zollthurm im Mittelalter angelegt, wurden 1856 die Trümmer als Warte aufgebaut.

Auf der Höhe des Rüdesheimer Berges (200 Schritt diesseits des Tempels) erhebt sich das ***Nationaldenkmal** *auf dem Niederwald* vom Bildhauer *Johannes Schilling* in Dresden.

Der Nahemündung gegenüber ein Quarzfelsen im Rhein, nahe dem rechten Ufer, der „*Mühlstein*" genannt, in demselben ruht in silberner Kapsel eingemauert das Herz des rhein. Geschichtsforschers N. Vogt, Lehrer des Fürsten Metternich.

Rüdesheimer Berg. Unzählige Terrassen ziehen sich am südlichen Abhange des Niederwaldes hin, auf dessen quarzhaltigen Thonschieferfelsen ein Wein wächst, gleich ausgezeichnet durch Bouquet, Feuer und Fülle.

Bahnhof der *Rheinischen-* und *Rhein-Nahe-Bahn* zu **Bingerbrück** (S. 31). Das Boot nimmt eine südliche Richtung an und passirt auf der Höhe oben Kalköfen und eine Cementfabrik, dahinter Villa Wilhelm, gothisches Schlösschen, dann Bingerbrück, dampft am Städtchen **Bingen** (S. 31), mit darüber liegender *Burg Klopp* (S. 31), und dem dahinterliegenden *Scharlachkopf* (S. 32) vorbei und legt am obern Ende an der Landebrücke an.

XII. Das Lahn-Thal.

Von Coblenz bis Oberlahnstein s. S. 32—33.

Von Coblenz direct nach Ems führt 1) der *Fussweg* in gerader Richtung über das Gebirge (über 20 Mn.), nach Arzheim (1 St.), anf dem Rücken des Berges, hier Wegweiser, dann 20 Mn. Fachbach, und 20 Mn. Dorf Ems, 2 St. zusammen; 2) der *Fahrweg* auf der Landstrasse über Pfaffendorf, Horchheim und Niederlahnstein, dann das liebliche Lahnthal hinauf, an bedeutenden Hüttenwerken vorbei, durch Fachbach, zu Wagen in 2, zu Fuss in 4 St. zurück- zulegen, Führer unnöthig. Dampfboot von Coblenz nach Oberlahnstein täglich 7 Mal in ¹/₂ St. für 50 u. 30 Pf.

Von *Oberlahnstein* nassauische Bahn, welche in starker Krümmung den steilen Berg, auf dessen Spitze Burg Lahneck liegt, umfährt, während auf der andern Seite das Dorf Nieder- Lahnstein und der Allerheiligenberg die Mündung des Lahn- Thals begrenzen; Luftlinie 134 Kilm., nördl. Länge 195 Kilm.

Ems.

Gasthöfe: *Darmstädter Hof; Hôtel d'Angleterre* mit der Dépendance *Hôtel des Princes; Europäischer Hof; Hôtel de France; Hôtel Gaedecke* (vorm. Post); *Hôtel Guttenberg; Hôtel vier Jahreszeiten*, allen Ansprüchen genügend; in allen Hôtels Restaurants.

Ausser diesen eine grosse Anzahl *Privatwohnungen* mit *Pensionen* von 5,50 M. und höher pro Tag und Pers. Alle Privatwohnungen haben eigene Namen.

Warnung. Man hüte sich vor allen Personen, die sich mit Empfehlungen und Anpreisungen aufzudrängen suchen.

Restaurationen. *Kursaal; Alte Post; Schützenhaus;* im *Schweizerhaus*, am Bergabhange (10 Mn.) mit schöner Aussicht.

Esel. Pro Stunde 130 Pf.

Eselswagen. Einsp. Stunde 170 Pf.; zweisp. 250 Pf. Eine Fahrt im Be- reich des Kurorts 60 Pf., nach 9 Uhr Abends das Doppelte. Nach Lahnstein hin und zurück 4 M., zweisp. 6 M. *Einsp. mit Pferd* im Preise der zweisp. Eselsfuhrwerke, die zweisp. Pferde-Chaise ungefähr ¹/₄ mehr.

Jeder Kutscher muss den amtlichen Tarif auf Verlangen vorzeigen.

Vergnügungen und Unterhaltungen: Lesecabinette; Kurmusik; Theater; Scheibenschiessen; Fischerei; Jagd; Wasserfahrten.

Den grossen Ruf, dessen sich die kochsalzhaltigen Natron- thermen (23—40⁰ Réaum.) des Bades Ems, in lieblichster Lage mit 7000 Einw., in allen Ländern der Erde erfreuen, haben dieselben vorzugsweise den glänzenden Erfolgen bei den chro- nischen Katarrhen sämmtlicher Schleimhäute, bei der grossen Gruppe von Frauenkrankheiten, und bei den Functionsstörungen des Nervensystems zu verdanken.

Der *Kesselbrunnen* (40⁰ R.), das *Kränchen* (26⁰ R.), sowie der *Fürstenbrunnen* (28¹/₂⁰ R.) im Königl. Kurhause sind die bedeutendsten.

Der elegante *Kursaal*, mit Bogenhalle und Bazar, bildet den Vereinigungspunkt der Kurgäste. Die Lesesäle sind jeder-

zeit geöffnet. Die Promenade ist namentlich Morgens zur
Brunnenzeit und von 5—7 Uhr Abends bei Musik belebt. Von
8—10 Uhr Concert im Kursaal. Auf der Promenade einfacher
Stein mit der Inschrift „13. Juli 1870". Vortreffliche Wege,
bequeme Equipagen, Reit-Esel machen auch entferntere Spaziergänge Verwöhnten und Leidenden möglich.

Zur Bäderlei und Mooshütte 1 St., zwischen dem Kurhause und dem steinernen Hause durch die Grabenstrasse an
den *Hanselmannshöhlen* vorbei zur *Bäderlei* ($^1/_2$ St.), einer Gruppe
von sieben durch einen Weg verbundenen Felsen, auf welchem
der **Concordiathurm** eine prachtvolle Aussicht erschliesst. Auf
dem ersten Vorsprung der Bäderlei, unterhalb der „*Mooshütte*",
erhebt sich ein Denkmal von gelbem Sandstein, zur Erinnerung
der 1870 Gefallenen vom 78. Inf.-Reg. Die dem Thale zuge-
kehrte Seite des Würfels zeigt das Stadtwappen. Die darüber
aufsteigende Säule trägt das Marmorrelief des Kaisers, und auf
der Spitze den deutschen Reichsadler. Zu der „schönen Aussicht" bei Kemmenau: die Grabenstrasse, dann links die sogen.
neue Promenade in $^1/_2$ St. Am andern Ufer führt der *Hen-
riettenweg* nach dem Schweizerhause, zur *Henriettensäule* und
$^1/_2$ St. weiter die *Lindenbach* (Restaur.). Der schöne Aussichtspunkt **Malbergskopf** mit Anlagen, Thurm, Wendeltreppe und
Restauration ist in 1 St. zu erreichen. Beliebte Punkte sind
das *Schweizerhaus* (Restauration), das *Oberlahnsteiner* Forsthaus
(1$^1/_2$ St.) und das Dorf *Frücht*.

Ein Ausflug per Bahn oder zu Fuss, oder zu Kahn in das Lahnthal, zwischen
Emsmündung und Limburg, ist sehr lohnend. Der lohnendste Ausflug nach
St. Balduinstein, mit der Schaumburg, nimmt einen halben Tag in Anspruch.

XIII. Das Nahe-Thal.

Die Rhein-Nahe-Bahn bleibt in den ersten 90 Kilm. im Nahethal und ist
ihres complicirten Baues wegen eine der merkwürdigsten Deutschlands, sie
machte auf der Strecke von Bingerbrück bis Neunkirchen, 120 Kilm., 15 Tunnels
und 41 grosse Brücken erforderlich. Der Nahe musste mehrfach ein anderes
Bett gegraben werden. Der Anfangspunkt der Bahn liegt 80 m. ü. d. M., sie
steigt im Maximum 1—100, bis sie hinter der Stat. Türkismühle, bei Wallhausen,
393 m., die Wasserscheide überschreitet und dann bis Neunkirchen fällt, wo
ihr Endpunkt noch 231 m. ü. d. M. liegt.

Hinter Bingerbrück l. die Drususbrücke bei Bingen; dann
r. die Thurmruine von *Trutzbingen;* l. den Scharlachberg (S. 32):
r. Dorf *Münster Sarsheim*, l. *Büdesheim*, und auf dem andern
Ufer l. *Dietersheim*, etwas von der Bahn entfernt; dann r.
Laubenheim (nicht mit dem *L.* oberhalb Mainz zu verwechseln),
mit verfallener gothischer Kirche, der Blitz zerstörte den Kirchthurm; es folgt l. *Sponsheim*, am andern Ufer, hoch gelegen,

und r. Station **Langenlonsheim** (*Weisses Ross*), wohlhabendes und grösstes Dorf auf dem l. Naheufer.

Kreuznach.

Der Bahnhof ist fast ½ St von der Stadt entfernt. Vom 1. Mai bis Ende October ist eine zweite Haltestelle (aber ohne Gepäck-Expedition) bei dem Hôtel de l'Europe, nur 5 Mn. vom Kurhause, eingerichtet.
Gasthöfe: *Hôtel Pfälzer Hof* (H. Hessel), Soolbäder aus directer Röhren-leitung von der Soolquelle. Garten. Bei längerem Aufenthalt Pensionspreise; Familien zu empfehlen. — *Hôtel Adler* (F. Hessel), Soolbäder aus directer Röhrenleitung, Garten u. s. w. Beides alte gut renommirte Häuser, Omnibus an der Bahn. — *Weisses Ross*; *Taube*; *Berliner Hof*, billiger. Auf der Badinsel: *Kurhaus*; *Oranienhof*; *Kauzenberg*; *Englischer Hof*; *Hôtel Riedel*; *Hof von Holland* (im Winter sämmtlich geschlossen) und zahlreiche Logirhäuser, darunter *Hôtel Royal*; *Hôtel du Nord*; *Hôtel de l'Europe* so wie *Villa C. Günther* zu empfehlen
Restaurationen: *Kurhaus*, im Sommer täglich 3 mal Musik; *zur Heilquelle*: *Cranius*; *Huff*.
Kurtaxe: 1 Pers. Brunnenkarte 2 M., jede Pers. mehr 5 M.
Droschkentaxe: Fahrten innerhalb der Stadt mit Einschluss des Neunmorgens, der Ziegelhütte, des Oranienhofs, des Bahnhofs und Villa Driebergen für 1 u. 2 Pers. 1 M, 2 u. 3 Pers. 1,25 M., 3 u. 4 Pers. 1,50 M. für Zweispänner, für Einspänner 0,80, 1 u. 1,25 M. — Tourfahrten nach den beliebten Punkten der Umgegend haben Taxe.
Post und Telegraph, im Postgebäude neben dem *Pfälzer Hof*.

Kreuznach zählt ca. 15,000 Einw. Nach dem Erlöschen der Gauverfassung (vom 13. Jahrh. an) war die Stadt im Besitz der Grafen von Sponheim, kam darauf an die Pfalz und wurde 1815 preussisch. Die Nahe umfliesst die *Badinsel* oder Bade-wörth, als den dritten Stadttheil, während sie die *Altstadt* am r. Ufer von der *Neustadt* am l. Ufer trennt. Eine steinerne, zum Theil bebaute Brücke verbindet die drei Stadttheile. Die Badinsel mit der Nahebrücke, mit Kurhaus, Trinkquellen, stattlichen Häusern und Promenaden, bietet Morgens und Abends den Mittelpunkt des Badeverkehrs, der sich in neuester Zeit jährlich bis nahe zu 8000 Kurgästen gesteigert hat. *Elisabeth-quelle*. Durch den Recum'schen Garten gelangt man auf den mit Anlagen gezierten *Schlossberg*, welcher die Ruine *Kauzen-burg* trägt, Eigenthum des Herrn von Recum. Oben bei der Ruine schöne *Aussicht in's Nahethal (152 m.). Die Trümmer der *Kauzenburg*, 1270 erbaut, mahnen an die franz. Mordbrenner von 1689. 10 Mn. von der Ruine, im Weinberg, ein *Tempel*, mit den schönsten Fernsichten auf das Nahethal, und im Hintergrunde auf die Höhen r. der Haardt (327 m.), l. der Gans (331 m.), dazwischen der Rheingrafenstein.
Die Rhein-Nahe-Bahn umzieht die Porphyrwand der *Gans*, gestattet Blicke auf den Rheingrafenstein und erreicht

Münster am Stein.

Gasthöfe: *Kurhaus-Hôtel* (Schmuck); *Hôtel Löw*; *Hôtel Baum*; *Oeffentl. Kur-haus* (J. Trumm); *Hôtel Stolzenfels* (Gebhardt); *Hôtel de Paris* (Forett). Ausserdem verdienen Erwähnung die *Privat-Hôtels: Langmach; Oppermann; Daub; S. Lorenz; J. Tesch;* Pfarrer *Schneegans;* Ww. *Schröder;* Ww. *Roth;* Frl. *Dellmann;* Frl. *Otto; P. Schlamp; F. Schlunk* und das reizend gelegene Directorial-Gebäude mit schönen Räumen und 12 direct aus der Quelle gespeisten Bädern (Marmorwannen). Sämmtliche Hôtels und Privatlogis besitzen Bade-Einrichtungen und erhalten ihre Badesoole ebenfalls durch ein Röhrennetz aus dem Hauptbrunnen.

·*Münster am Stein,* Station der Rhein-Nahe- und Baierischpfälzischen Alsenz-Bahn, seit den letzten Decennien stark frequentirtes Soolbad, Glanzpunkt des romantischen Nahethales. Als Gewinnungsort der weltbekannten sogen. Kreuznacher Mutterlauge, mit Bad Kreuznach in seiner Heilwirkung vollkommen identisch. Ausgedehnter Salinenbetrieb mit Gradirwerken, welche zur Bequemlichkeit der Kurgäste mit geräumigen Gängen und Sitzplätzen versehen sind. 1874 neu erbautes Kurhaus (Kurtaxe 1 Pers. 10 M., 2 Pers. 15 M., jede zu einer Familie gehörende weitere Person 3 M.) — Am r. Ufer fast senkrecht auf steiler Porphyrwand, 133 m. ü. d. Nahe, die auf drei Seiten unzugänglichen Burgreste des *Rheingrafensteins,* 1689 durch die Franzosen zerstört.

XIV. Der Niederwald.

Von Bingen über Assmannshausen nach Rüdesheim.

Die Tour auf den Niederwald von Bingen: zunächst Besichtigung des Rheinsteins, weiter über Assmanshausen zum Jagdschloss und Nationaldenkmal und mit Rüdesheim beschlossen. ist die schönste. — Hat man den Rheinstein bereits besucht, so dürfte die Tour von Rüdesheim über den Niederwald nach Assmannshausen vorzuziehen sein, weil sie überraschender ist.

Von Assmannshausen auf einem Fahrwege, Reitweg, über das Schienengeleis der Eisenbahn in den hinter dem Ort befindlichen Thaleinschnitt, hier die berühmten Assmannshäuser Weinberge, Burgunder und Orleans-Trauben. Oberhalb des Ortes ein Heiligenhäuschen, von hier geht der neue Reitweg von der Fahrstrasse, welche im Thal nach Aulhausen bleibt, r. ab. In ½ St. erreicht man das *Jagdschloss,* während·der Fahrweg in 30 Mn. bis Aulhausen geht und von dort immer ansteigend sich dem Jagdschloss in 20 Mn. nähert.

Jagdschloss Niederwald (Hôtel und Pension, umgeben von prachtvoller Waldung und den schönsten Promenaden nach den Aussichtspunkten der Rossel, zum Platz des National-Denkmals u. s. w. (J. A. Jung); ganz gut).

Die **Zauberhöhle,** 10 Mn. vom Jagdschloss (hier muss man einen Knaben zum Aufschliessen mitnehmen 30 Pf.) entfernt, ist ein dunkler kurzer Gang, in eine Rotunde mit 3 Fenstern endigend, durch welche man zwischen im Wald angebrachten Schneusen (Einschnitten) die Clemenskapelle und Falkenburg, die Burg Rheinstein und Schweizerhaus schaut. In derselben Richtung, aber halb so weit, mehr vorwärts liegt eine künstliche Ruine, die **Rossel** genannt, auf der höchsten Kuppe des Berges. Man überblickt besonders das Nahethal mit seinen nahen und fernen Umgebungen, im Hintergrund den Soonwald und den Donnersberg, rechts die Höhen des Hundsrück. Darunter erblickt man Ruine Ehrenfels, und tief unten den Mäusethurm inmitten der Fluthen des breiten und brausenden Stromes. Von hier bis Rüdesheim 1¼ Stunde.

Von der Rossel s.-ö. in 10 Mn. zur *Adolphshöhe*, der Nahe-Mündung gerade gegenüber; in derselben Richtung eben so weit zu der *Eremitage*, und 5 Mn. weiter an dem Steinsitz r. vorbei

Der Tempel auf dem Niederwalde.

in 10 Mn. zum **Tempel**, freie weite Aussicht über den ganzen Rheingau. (Am Tempel wird vorzügliches Obst feilgehalten.) Zwischen der Eremitage und dem Tempel das **National-Denkmal** zur Erinnerung an den Krieg von 1870—71. Hier herrscht rege Bauthätigkeit, um den architektonischen Theil des Monuments, dessen Höhe 34 m. erreicht, zu vollenden. Unmittelbar vor den Hochwald gestellt, wird es in weiter Ferne sichtbar sein; auch in der Nähe wird das riesige Denkmal in seinen

einzelnen Theilen betrachtet werden können, da ein grosser
Festplatz mit terrassenförmiger Abstufung dasselbe umgibt.
Von hier in 30 Mn. nach **Rüdesheim** (S. 36).
Macht man die Partie von Rüdesheim aus, so gelangt man
vom Säulentempel durch den schönen Wald l. nach der aus
knorrigen Baumstämmen gebildeten Eremitage ($1/4$ St.), einem
prächtigen Aussichtspunkte, und weiter in fast eben so langer
Zeit zur *Rossel.*

XV. Rheinfahrt von Bingen nach Mainz.

Dampfboot zu Berg 3, zu Thal $1^3/4$ St. Einzel-Preis 100, 70 Pf., Wochen-
Doppelpr. 140, 100 Pf., Jahres-Doppelpr. 170, 120 Pf.
 Preise der Schnellfahrtbillete von Mainz nach Bingen 150 Pf., von Bingen
nach Mainz 120 Pf.
 Nachenstationen: Geisenheim, Oestrich, Walluf.
 Landebrücken: Bingen, Rüdesheim, Eltville, Biebrich, Mainz.

Links.
Der Rüdesheimer Berg, an des-
sen langen Terrassen man hin-
fährt, gehört zum **Rheingau.**
Rüdesheim (S. 36).
Geisenheim (S. 37), nächst
Rüdesheim der volkreichste
Ort im Rheingau.
Johannisberg im Grund (S. 37).
Die Klause (S. 37), Rest
eines Klosters. Auf der Höhe
das weithin sichtbare **Schloss**
Johannisberg, Eigenthum
des Fürsten Metternich, die
Pflanzstätte eines der besten
und edelsten Weine, in
gleicher Höhe **Schloss Voll-**
raths, mit Schieferdach und
Thurm.

Rechts.
Bingen (S. 31).
Das Boot passirt den Bahnhof,
den *Rochusberg* und gleich
darauf die **Rochus-Kapelle.**
Gaualgesheim, ebenfalls am
Bergabhang, südlich davon
der Jacobsberg mit schöner
Aussicht und Kapelle.

Insel *Winkler-Aue.*

Winkel (S. 37).
Mittelheim (S. 37).
Oestrich (S. 37), mit einem
weithin erkennbaren Schiffs-
krahne.

Insel *Haller-Aue.*

Frei-Weinheim.
Nieder- und **Ober-Ingelheim.**

Die *Rhein-Aue* (Westfälische Aue), mit einer Muster-Land-wirthschaft und neuen Oekonomie-Gebäuden.

Links.

Hinter der Insel Gemarkung **Markobrunnen.**
Hinter dem untern Ende der Insel Rheinau, ziemlich versteckt, da das Dampfboot die Insel l. lässt, **Hattenheim** (S. 37). Darüber der berühmte **Steinberg** mit Mauer umgeben (S. 37). Zurück Kloster **Eberbach.** Folgt Erbach, mit hübscher Kirche am obern Ende. L. hat man wieder Kiedrich, darüber zieht sich das Waldgebirge zur *Hohen Allee* unter dem *Hansenkopf* hinan.
Drayser - Hof, Eigenthum des Herrn von Bodelschwingh. Darüber landeinwärts der **Rauenthaler Berg**, mit köstlichem Wein; höher und vorwärts **Dorf Rauenthal.** Den Horizont schliesst der *Hansenkopf*, dahinter Bad Schlangenbad.

Rechts.

Die ganze Strecke ist Sumpf, Weiden- und Erlengebüsch (Salix purpurea und Salix viminalis; Alnus glutinosa), mit Weiden und Wiesen untermischt.
Dorf *Haidenfahrt* an der Mündung des Mühlbachs.
³/₄ St. landeinwärts Dorf *Heidesheim* (S. 32), dessen Rothwein dem Ingelheimer gleich gestellt wird.

In der Mitte des hier sehr breiten Stromes die *Eltviller-Aue*, mit einer Meierei im Schweizerstil, zwischen freundlichen Baumgruppen.

Eltville (S. 37), bedeutendster Ort und einzige Stadt des Rheingaues.
Ober-Walluf (S. 38).
Nieder-Walluf (S. 38), Haupt-Vergnügungsort von Mainz und Wiesbaden.
Schierstein (S. 38), in der Mitte bedeutender Obst-Kulturen, und mit einem stattlichen Winterhafen.

Mombach (S. 32), fast ganz hinter hohen Pappeln versteckt. Die Fluren des Dorfes produciren vortreffliche Gemüse.

Zwischen Schierstein und Biebrich am r. Ufer und Mombach am l. Ufer die grosse Insel mit den drei Auen, der *Rettbergs-Aue*, oder Rheinaue, mit Oekonomie-Gebäuden, früher herzogl. nassauische Fasanerie, im Westen, der *Biebricher Aue* im Norden und der *Ingelheimer Aue* im Süden. Gleich daneben und nach dem r. Ufer liegt eine zweite Insel, die lange schmale Peters-Aue mit fortificatorischen Anlagen.

Links.

Man fährt am *Biebricher Schloss* (S. 38) vorbei, das sich, umgeben von vielhundertjährigen Kastanien und Trauerweiden, mit seinen vielen Fenstern im Strome spiegelt, und legt bei der Landebrücke des Städtchens Biebrich (S. 38), gewissermassen Vorstadt *Wiesbadens* an. Nachdem man die *Festungswerke*, die *Citadelle*, dicht an der Schiffbrücke, und die dahinter liegende Stadt *Castel* (S. 38) passirt, hat man von der Landebrücke zunächst

Rechts.

Die Truppen der Garnison Mainz haben hier ihre Uebungen. Hohe Festungslinien, welche man in gerader Richtung ungefähr auf der Mitte zwischen Mombach und Mainz sieht, gehören einem der höchsten und stärksten Werke, dem Fort Hardenberg an. Das *kurmainz. Schloss*. Das *grossherzogl. Palais*. Das *Zeughaus* von *Mainz* (S. 42). Das Boot legt an der vor dem Zeughause befindlichen *Landebrücke* an.

die 17 Mainzer Schiffmühlen, welche ihren Platz hier „*auf den Arken*" haben. Gleich davor die grosse *Schiffbrücke* zwischen Castel (S. 38) und Mainz (S. 39).

XVI. Mainz (Castel)-Wiesbaden.

Von Castel (S. 38) nach Wiesbaden 8 Kilm. 20 Mn. 80, 50, 40 Pf., mit der Taunusbahn, täglich 13 Züge von Frankfurt nach Wiesbaden und 13 Züge von Wiesbaden nach Frankfurt, darunter 5 Schnellzüge ohne erhöhte Taxe. — *Die billigen Retourbillete* haben zwischen Frankfurt und Wiesbaden 2tägige, bis Rüdesheim 3tägige, weiterhin 5tägige Gültigkeit. Im innern Verkehr, sowie im Verkehr mit den Nachbarbahnen sind nur 10 Pfund Handgepäck frei; im weitergehenden Verkehr 50 Pfund (nach Frankreich 60 Pfund) frei. *Entfernungen zu Fuss von Castel:* nach Mainz über die Brücke 12 Mn ; — nach Erbenheim mit mittelalterlicher Warte ³/₄ St.; nach Costheim 25 Mn.; nach Biebrich 1 St.; nach Wiesbaden 1¼ St.

Wiesbaden.

Bahnhöfe. Taunusbahnhof und Bahnhof der Nassauischen Eisenbahn in der Rheinstrasse.

Pferdebahn, ist in 5 Sectionen eingetheilt. 1. Faulbrunnen - Bahnhöfe.
2. Bahnhöfe - Theater. 3. Theater-Röderstrasse. 4. Röderstrasse-Grubweg. 5.
Grubweg-Beau-Site. Eine und auch 2 Sectionen: I. Cl. 15, II. Cl. 10 Pf., drei
oder auch vier Sectionen: I. Cl. 20, II. Cl. 15 Pf.; jede angefangene Section gilt
für voll.
Droschken - *Halteplätze:* Rheinbahnstrasse. Kirchgasse. Kirchhofgasse.
Friedrichsstrasse am Amtsgericht. Röder- und Elisabethstr. Vor dem Kurhause,
zwischen den Colonnaden, wo auch *Damenfuhrwerk.* Emser- und Schwalbacherstr.
– Vor den Bahnhöfen. Rhein- und Adolphstr. —
Von den Bahnhöfen innerhalb des Stadtrings und der Landhäuser incl.
Dietenmühle und Felsenkeller, 1 u. 2 Pers. 60 Pf. für Einsp., 90 Pf. für Zweisp.;
3 u. 4 Pers. 80 Pf. für Einsp., 1,10 M. für Zweisp. In jeder Droschke ein *Tarif,*
in welchem alle sehenswerthen Orte angegeben sowie der Preis für die Fahrt.
Wo nicht, *accordiren.'*
Omnibus zwischen Wiesbaden und Sonnenberg à Pers. 30 Pf., Gepäck von
25 bis 50 Kilo 50 Pf.
Omnibus nach Schwalbach; täglich 6'/₂ Ab. à Pers. 90 Pf. Abfahrt vom
Taunus-Hôtel.
Omnibus nach Biebrich à Pers. 90 Pf., Expedition Langgasse 10. Auch Ab-
holen von der Wohnung auf Vorausbestellung.
Gasthöfe. Bei den Bahnhöfen: *Grand Hôtel du Rhin* (E. Motzen) neu,
allen Ansprüchen genügend, im Souterrain *altdeutsche* Restauration. Z. von
2,50 M an incl. Service und Licht; Abgangsort (vis-à-vis) der Post nach Schwalbach und Schlangenbad Bäder. Pension von 6 M. an per Tag und Pers., mit
Ausnahme der hohen Saison; Familien empfohlen. *Hôtel Victoria* auch I. R.
260 Z., für längern Aufenthalt ermässigte Preise. Bäder. *Hôtel du Nord* (Eck-
hardt's Hôtel) Wilhelmstr. 6. I. R. Bäder. Grosser Garten. Z. von 2,50 M.
an. Während der Wintersaison Pension; Familien empfohlen. *Taunus-Hôtel*
(H. Schliedtke) Z. von 2 M. an. Bedienung und Licht wird nicht berechnet.
Eisenbahn-Hôtel, auch Restauration und Bier.
Beim Kursaal und Theater: *Nassauer Hof,* mit prachtvollem Marmor-
speisesaal; *Vier Jahreszeiten,* beide I. R. und von hohen und höchsten Herr-
schaften besucht.
Beim Kochbrunnen: *Rose,* viel Engländer; *Engel; Römerbad; Stern; Euro-
päischer Hof,* alle empfehlenswerth. *Hôtel Alleesaal,* an der Trinkhalle.
In der Stadt: *Grand-Hôtel,* Schützenhof; *Adler,* Langgasse, sehr beliebt
und auch im Winter viel frequentirt; *Grüner Wald, Geschäftsreisende; Hôtel de
Hollande; Einhorn; Cölnischer Hof,* israelitisch; *Bär; Zwei Böcke* u. s. w.
Restaurationen. *Dasch,* gut; *Engel,* beliebt; *Christmann,* viel besucht; *Kursaal-
Restauration,* fein; *Moos; Nonnenhof; Lugenbühl; Poths* u. v. a. Für Israeliten:
Bär; Hirschberger; Coblenz.
Bier-Wirthschaften. *Dasch; Engel; Eisenbahn-Hôtel; Goldenes Lamm; Mucker-
höhle; Bavaria; Hôtel Weins; Moos; Nonnenhof* u. v. a.
Cafés. *Kursaal* (Billard), *Café* à Tasse 25 Pf.; *Holländischer Hof, Gagé*
(Waffeln).
Conditoreien. *Jäger* und *Röder,* Hofconditoreien, sehr empfehlenswerthe
Geschäfte; *Gottlieb; Abler* und *Wenz.*
Concerte, im Kurgebäude, im Sommer im Garten, im Winter in den Sälen.
Morgens vor der Trinkhalle am Kochbrunnen; Abends regelmässig im Kur-
hauspark oder im Saal. (Kurkapelle oder Militär-Kapellen). Im Sommer
Doppelconcerte, Concerte auf schönen Punkten der Umgegend; im Winter
Künstler-Concerte.
Bälle. Mittwochs und Samstags im Kursaal.
Theater. Täglich ausser Montag und Freitag, Theaterkasse von 11—1 U.
und 5 U. Nm. geöffnet.

Wiesbaden, Hauptstadt des Regierungsbezirks Wiesbaden,
mit 50,500 Einw. (1846 hatte es 13,500 und 1826 7000 Einw.),
liegt an den südwestl. Ausläufern des Taunus, in einem von dem
Salzbach durchflossenen ziemlich gedehnten Thale. Sein schnelles

Aufblühen und seinen Wohlstand verdankt es den Kochsalz-
quellen, welche schon den Römern, als Aquae Mattiacae, bekannt waren.

Der *Kursaal, 1840 von Zais erbaut, ist der Hauptver-
einigungs-Ort der Fremden, der Mittelpunkt des Badelebens.
Unter dem von 6 jon. Säulen (von *Schwanthaler*) getragenen
Porticus ist der Eingang zum 40 m. langen, 19 m. breiten und
15 m. hohen Hauptsaal. Säulen von nassauischem Marmor tragen
die Orchester-Gallerien zu beiden Seiten. An der Südseite sind
die Lese-, Tanz- und Gesellschaftssäle; an der Nordseite die
Restaurations-Räume. — Die Säle sind nur den Inhabern von
Kurtaxkarten ohne Weiteres geöffnet, Andern nur gegen Tages-
karte à 50 Pf.
Bälle, Concerte s. S. 65. *Beleuchtung der Cascaden*, in
der Regel Sonntag, Mittwoch und Samstag in den Abend-
stunden, von imposanter Wirkung. · *Bengalische Beleuchtung*, im
Sommer während der Abend-Concerte im Kurhauspark, jedoch
nicht regelmässig.

Das **Museum**, lange Zeit „*das Schlösschen*" genannt, ist
1812 erbaut und enthält im Erdgeschoss rechts die *Gemälde-
Gallerie* (Sammlung des Nassauischen Kunst-Vereins). Die Besichtigung (tägl. 11—3 Uhr) dieser, sowie aller andern Sammlungen
ist unentgeltlich.

Der Gemäldegallerie gegenüber das *Museum der Alterthümer*,
geöffnet tägl. Nachm. von 3--6 Uhr.

In demselben Gebäude 1 Treppe höher: das *Naturhistorische
Museum* (geöffnet Sonnt. von 11—1 und 2—6 Uhr; und Mittw.
und Freit. von 2—6 Uhr Nachm.).

Promenaden innerhalb der Stadt: Kurhauspark, die Anlagen des warmen Dammes, die Wilhelmsallee, die Platanenallee
auf der Rheinstrasse u. s. w.

Zur *Griechischen Kapelle (auf dem Neroberg) durch die
Taunusstrasse in's Nerothal bis zum *Paulinenstift*, hier das
Denkmal für 1870/71, dann den Fahrweg r. bergan (20 Min.),
oder von der Trinkhalle l. die Geisbergstrasse zur Hälfte hinan,
dann l. in die Kapellenstrasse bis zum Waldrande, hier Wegweiser, im Ganzen in ½ St. Die Kapelle liegt an dem bewaldeten und mit Rebenabhängen bedeckten Neroberg. Stattlicher
Sandsteinbau in der Form eines latein. Kreuzes, mit 5 reich
vergoldeten Kuppeln und glänzendster Ausschmückung im Innern.
(Trinkgeld dem Kastellan 75 Pf., in Gesellschaft 50 Pf.) Die
Kapelle dient als Gruftkirche der verstorbenen Herzogin Elisabeth Michailowna von Nassau, Grossfürstin von Russland
(† 25. Januar 1845). Vor der Kirche prächtige Rundschau.
Im Innern: Der *Sarkophag* in einer Rotunde mit lebensgrosser,
schlafender Figur der Fürstin, von Professor Hopfgarten aus

Die Griechische Kapelle bei Wiesbaden.

Marmor gemeisselt. Jeden Sonntag 10 Uhr ist hier griech.-kathol. Gottesdienst. — Dicht bei der Wohnung des Verwalters ein russischer Friedhof.

Die *Platte, 496,7 m., die Plattform des Schlosses 516,1 m. ü. d. M., Jagdschloss des Herzogs von Nassau, wurde 1823—1824 erbaut. Es krönt den Bergkamm und gewährt von seiner Plattform eine der grossartigsten *Rundsichten* über das Rheinthal. Im Schloss ein vorzügliches Fernrohr. Das vor unsern Blicken aufgerollte Landschaftsbild reicht von der Pfalz bis zum Rheingau.

XVII. Der Taunus.

Wiesbaden-Castel-Frankfurt a. M.

34 *Kilm.* Taunus-Bahn bis Hattersheim 19 Kilm. 1 St. 250, 165, 95 Pf., bis
Frankfurt a. M. 34 Kilm. 1½ St. 340, 230, 150 Pf.

Bahnfahrt: Von Wiesbaden nach Castel (S. 64).
Hochheim (*Schwan*, (Lembach) gute Weine eigener Cres-
cenz, renommirtes Haus), berühmter Weinort, gehörte ursprünglich dem Domcapitel zu Köln, von welchem es das zu Mainz
abkaufte. Jetzt ist die Domdechanei mit den dazu gehörigen
Weinbergen Eigenthum des Herzogs von Nassau. Champagner-
Fabrik, Besichtigung nach Anfrage gestattet. Von der Bahn
l. das 1854 errichtete goth. Denkmal, der Königin Victoria ge-
widmet. R. Stat. **Flörsheim (Bad Weilbach).** Bahnhofs-Restauration.
Von den 1330 errichteten Befestigungen sind noch einzelne Theile
sichtbar. Im Anschluss an die Züge Omnibus nach *Bad Weilbach* à Prs. 40 Pf., Koffer 20 Pf.
Jenseits · des Main die Bergstrasse und der Melibocus; l.
Weilbach, mit seinen hellleuchtenden, grossartigen Gebäuden;
dahinter Diedenbergen, dann l. Marxheim, r. Eddersheim und
Okriftel, beide am Main gelegen; l. das Hofheimer Kapellchen,
Kriftel und Stat. **Hattersheim** (*Schützenhof*, Bier und Wein),
am Kriftelbach, der einst die *Königshundert* von dem *Niedgau*
schied.
Königstein (*Hôtel Pfaff; Stadt Amsterdam; Hôtel Frankfurt;* — Post nach Cronberg, 3 Kilm. ⅓ St. 30 Pf.; Nieder-
reitenberg 10 Kilm. 1½ St. 1 M.; *Soden* 2 mal täglich 5 Kilm.
½ St. 50 Pf.) liegt romantisch im Mittelpunkt des Taunus, von
der gleichnamigen Burgruine überragt, und ist jährlich das Ziel
Tausender. Kaltwasserheilanstalt und klimatischer Kurort; Aus-
kunft ertheilt Medicinalrath Dr. Pingler. Grossartig sind die
Ruinen der kurmainzischen Festung Königstein, ehemal. Reichs-
burg. In den 90er Jahren des vor. Jahrh. ward sie erst von
den Preussen, dann von den Franzosen belagert und genommen,
letztere schleiften die jetzt noch in Trümmern gewaltige Festung.
Herrliche Aussicht vom Hauptthurm. Bei den Ruinen die Villa
der Herzogin von Nassau.
Auf den *grossen Feldberg* 2—2¼ St. (Führer 1½ bis 2 M.
— Esel 2 M., mit Falkenstein 2½ M.; — Wagen für drei Personen 970 Pf., für 4 und 5 Pers. dreispännig 1270 Pf.). —
Der **Grosse Feldberg,* urkundlich 1043 Veltberc genannt,
hat wahrscheinlich seinen Namen der 100 Morgen grossen feld-
ähnlichen Kuppe zu verdanken.

In dem seit 1860 eingerichteten, jetzt vergrösserten *Feld-berghaus* findet man preiswürdige Bewirthung, und für nicht zu hohe Ansprüche behagliches Nachtquartier.

Vom grossen Feldberg s.-s.-ö. in ¹/₂ St. auf den *Fuchstanz*, dann l. ziemlich steil bergan auf den 769,₆ m. hohen Altkönig (Altking), dem Kyffhäuser in wundersamen Sagen verwandt, ³'₁ St., zusammen in 1¹/₄ St.

Soden.

Gasthöfe. *Hôtel *Kurhaus*, vornehm und nicht theuer; **Europäischer Hof*, ebenso; *Hôtel Coloseus, Frankfurter* und *Holländischer Hof*, alle drei gelobt.

Restaurationen. *Ulrich, Fless, Zorn* und *Weigand*, in sämmtlichen gute Küche, Wein und Bier, sämmtlich wegen ihrer günstigen Lage Touristen zu empfehlen.

Post nach **Königstein** 5 Kilm. 1 St. 50 Pf. um 8,₁₅ Vm. 4,₂₃ Nm.

Eisenbahn-Verbindung. Elf Züge der Taunus-Bahn täglich von Soden nach Höchst und ebensoviel umgekehrt (darunter 3 Schnellzüge) unterhalten die Verbindung mit Frankfurt, resp. Mainz, Wiesbaden u. s. w. Von Soden nach Höchst 7 Kilm. ¹/₄ St. 90, 50, 35 Pf.

Bad Soden, am Fusse des Taunus, von seinen blauen Bergen umgeben, hat 1440 Einw. Das aufblühende Bad mit stattlichem Kurhaus erfreut sich einer ansehnlichen Frequenz, die schon bis 3000 Kurgäste ihm zuführte.

Neues comfortabel eingerichtetes *Badehaus* mit Sool-, Süss-wasser-Bädern und Douche 150, 120, 80 Pf.; die Sprudelbäder, ebenfalls Soolbäder, äusserst angenehm zu nehmen, 150 Pf.

Ausflüge. Nach *Hornau* in 1,₁₀ St., auf dessen Kirchhof Grabdenkmal des Freiherrn Friedr. von Gagern; zur *Wilhelms-höhe* 15 Min.; zum Burgberg 15 Min.; zu den *Drei Linden* 20 Min.; nach *Neuenhain* 15 Min.; nach *Cronthal* ³/₄ St.; nach *Cronberg* 1 St.; nach Cronthal: in Soden r. vom Bahnhof ab-gehend zum Sodener Wäldchen, dann auf die Landstrasse links und gleich darauf r. wieder auf den Fussweg, schöne Aussicht auf *Cronberg*, dann in's Thal, in 45 Min. nach **Cronthal** (Statt-liches *Kurhaus, Zimmer von 9 M. an wöchentlich, Table d'hôte 1¹/₂ M.), still und anmuthig in einem Kastanienwalde gelegen, mit einem Stahlbrunnen und einer Salzquelle. Eignet sich gleich Soden zum Ausgangspunkt für Taunuswanderungen, daher auch viel von Frankfurtern als Sommeraufenthalt gewählt. Das Gleiche gilt von **Cronberg** 20 Min. (*Schützenhof, mit reizender Aus-sicht, Bier und Wein, gute Küche, Wagen im Hause; *Frank-furter Hof*, gleiche Preise.) Städtchen mit altem, hochgelegenen Schloss, bekannt durch seine bedeutende Obstcultur. Schöne Aussicht vom Schlossthurm, Besichtigung des Schlosses un-entgeltlich.

Von Cronberg mit Eisenbahn nach Frankfurt über Nieder-höchstadt, Eschborn, und Rödelheim 15 Kilm. 130, 90, 60 Pf.,

oder in 1¼ St. nach Ober-Ursel. *(Schützenhof,* (Kopp Besitzer) gute Küche, Wein und Bier.)
Von *Ober-Ursel* mit der *Homburger Eisenbahn* nach Homburg in 10 Min. für 40, 30, 20 Pf.

Homburg vor der Höhe.

Gasthöfe. *Goldner Adler,* dicht am Kurhaus, Touristen empfohlen; **Bellevue* (H. Ellenberger), 1 u. 5 U. Table d'hôte, gelobt; **Eisenbahn-Hôtel,* von Touristen beliebt; **Englischer Hof; Europäischer Hof; Hôtel de France; *Vier Jahreszeiten; Hôtel du Parc; Rheinischer Hof* (F. A. Sturm), neu als Familien-Hôtel eingerichtet; **Hessischer Hof; *Russischer Hof; * Victoria-Hôtel,* vorzugsweise von Engländern besucht: — sämmtlich allen Ansprüchen genügende Gasthäuser mit entsprechenden Preisen. Einfacher und billiger: **Darmstädter Hof; Stadt Frankfurt; Goldene Krone; Landsberg: Stadt Meisenheim: Nassauer Hof; Stadt Paris; Hôtel Pfau; *Rose,** mit Felsenkeller; **Strassburger Hof: Taunus.** *Café Restaurant Chevet* im Kurhause, pariser Genre. *Israelitische Gastwirthschaften:* **Badischer Hof; Braunschweig.**
Tarif der Droschken-Fahrten. Vom Bahnhof in die Stadt 1 oder 2 Prs. mit Hutschachtel oder Reisetasche 60 Pf.; 2 oder 4 Pers. 80 Pf.; für jeden Koffer 20 Pf. — Jede Droschke ist mit dem Tarif, welcher die Preise für die Fahrten nach sämmtlichen Orten der Umgegend angibt, versehen. —

Das **Kurhaus** übertrifft alle ähnlichen derartigen Gebäude an Grösse und Eleganz. Durch die Mittelthür gelangt man in den geräumigen *Corridor,* welcher im Winter geheizt wird und den Fremden bei schlechtem Wetter eine gute Promenade bietet. Daneben der *Concertsaal,* für die Bälle und Réunions. L. das *Lesekabinet,* r. neben dem Concertsaal die *Restaurationssäle,* und weiterhin das *Café mit Billards;* Restauration ist vom Pariser Chevet eingerichtet, und vorzüglich. Im r. Seitenflügel befindet sich das *Theater* (es fasst 1200 Personen). Im l. Flügel befindet sich die *Kurhaus-Administration.* Im 2. Stock elegante, ausgedehnte Gesellschaftsräume.

Hinter dem Kurhaus liegt die mit einer reichen Orangerie ausgeschmückte *Terrasse* und unterhalb derselben der **Kurgarten** mit dem Musikpavillon, in welchem das Kurhaus-Orchester während der Saison täglich Nachm. u. Abds. Concerte gibt. An den Kurgarten stossen, nur durch den Promenadenweg getrennt, die ausgedehnten Anlagen mit geschmackvollen Baumgruppen, die bis an den Hardtwald sich hinziehen. In diesen schattigen, wohlgepflegten Anlagen liegen die Heilquellen. Zunächst der *Ludwigsbrunnen,* der seines wohlschmeckenden Wassers wegen auch viel von Gesunden benutzt wird. Gegenüber dem älteren Brunnensaal der *Kaiserbrunnen,* und r. von diesem der *Stahlbrunnen.* Am Brunnensaal die meteorologischen Instrumente. Mitten in den Anlagen der *Luisenbrunnen* und im Vorblick der *Elisabethenbrunnen.* R. neben dem letzten Brunnen die *Trinkhalle,* welche nach dem *Gewächshause* führt, im r. Flügel das *Palmenhaus,* im linken Camellien und Azaleen.

Die **Saalburg** (1¼ St. von Homburg, ¾ St. Fahrzeit), ein altes interessantes, aus den Zeiten des Kaisers Augustus herrührendes röm. Castell, dessen Grundmauern nebst einzelnen röm. Gräbern noch wohl erhalten sind. Nahe dabei finden sich Spuren des Pfahlgrabens.

Nach Nauheim s. u. Da man mit der Eisenbahn von Homburg aus den zeitraubenden Umweg über Frankfurt machen müsste, so wird die Partie nach Nauheim, wenn nicht zu Fuss, am zweckmässigsten per Wagen zurückgelegt. Einsp. 14 M., Zweisp 17 M. inbegriffen 2 St. Aufenthalt und Rückfahrt; für jede ½ St längeren Aufenthalt sind 1 M. bis zum Maximum von 14 M., resp. 1½ M. bis zum Maximum von 18 M. zu entrichten. Mit der *Eisenbahn* von *Homburg über Frankfurt nach Nauheim.* Bis Frankfurt 35 Mn. (18 Kilm. für 180, 100, 60 Pf.); von da bis Nauheim 37 Kilm. ¾ St. 310, 205, 130 Pf, wobei der Aufenthalt in Frankfurt nicht berechnet ist, zusammen für 490, 305, 190 Pf. Für vier Personen ist es also vortheilhafter, einen Wagen zu nehmen.

Nauheim (*Bellevue*; *Kurhaus; Hôtel de l'Europe,* Gasthof I. Ranges, Table d'hôte 1 u. 5 Uhr; *Hôtel Henckel,* Post Friedberg 5 Kilm. ⅛ St. 50 Pf.; Homburg Bhf. 23 Kilm. 2¾ St. 230 Pf.; Usingen 21 Kilm. 2⅓ St. 210 Pf.), Badeort mit berühmtem warmen Strudel, einem Kurhaus mit grössern Kuranlagen und Salinen. Nauheim war bis 1866 kurhessisch und ist seitdem hessendarmstädtisch. Vom Johannisberg, 20 Mn. westl. vom Kurhause, hübsche Aussicht, auf dem Gipfel der Thurm eines alten Klosters. — Nur ¼ St. entfernt liegt *Schwalheim* mit einer dem Selterswasser ähnlichen Quelle.

XVIII. Frankfurt am Main.

Bahnhöfe. Wer von Giessen kommt, erreicht Frankfurt auf dem Main-Weser-Bahnhof, vor dem Taunus-Thor. Nach: Nauheim, Giessen, Cassel, Leipzig, Berlin, Hannover, Hamburg. Südlich von diesem, und nur durch das Hôtel Westendhall getrennt, liegt vor dem Taunus-Thor der Taunus-Bahnhof: nach Mainz, Wiesbaden, directer Anschluss an die Nassauische Bahn bis Lahnstein ohne Wagenwechsel, nach den Taunus-Bädern, directe Beförderung in's Lahnthal und nach Coblenz, Köln, Brüssel, Antwerpen, Ostende, Calais; resp. nach Wetzlar etc. Noch mehr südlich, nach dem Main zu, nur durch die Einfahrten getrennt, dem Gallus-Thore gegenüber, der Main-Neckar-Bahnhof: nach Darmstadt, Mannheim, Heidelberg, Carlsruhe, Baden, Strassburg, (Paris), Basel, Zürich, Genf. Hier mündet auch die Linksmainische Eisenbahn (Hessische Ludwigsbahn): nach Mainz und von da rheinabwärts über Bingerbrück und Saarbrücken nach Metz, Luxemburg, Paris; — Coblenz, Köln, Brüssel, Antwerpen, Ostende, Calais. Zugleich sei bemerkt, dass auch eine sehr bequeme Tages- und Nachtschnellzug-Verbindung zwischen Frankfurt und Basel und der Schweiz via Mainz-Strassburg mit durchgehenden Wagenzügen und Schlafwagen (I. Cl. 6,50 M. II. Cl. 5 M.) in den Nachtzügen unterhalten wird, welche sowohl in Frankfurt als in Basel im unmittelbaren Anschluss an die Schnellzüge des Nordens und der Schweiz stehen und in *Basel* unmittelbar im schweizerischen Centralbahnhof ein- und auslaufen.

Auf der Ostseite liegt diesseits des Mains, vor dem Allerheiligen-Thor, Ecke der Hanauer Landstrasse und der kleinen Pfingstweiden-Strasse, der Hanauer Bahnhof: nach Wilhelmsbad, Hanau, Fulda, Bebra, Kassel, Eisenach, Leipzig, Dresden, Berlin; — Aschaffenburg, Würzburg, Augsburg, München, Prag, Wien. Jenseits des Mains vor dem Affen-Thor von Sachsenhausen, auf der Ecke der Darmstädter Landstrasse und der Heisterstrasse, liegt der Offenbacher Bahnhof der Main-Neckar-Bahn. Nach: Oberrad, Offenbach.

Frankfurt-Bebraer Bahn im Main-Neckar-Bahnhof, nach: Offenbach, Hanau, Bebra, Leipzig, Dresden, Berlin; *Sodener-Bahn* im Taunus-Bahnhof; *Cronberger-Bahn* Main-Weser-Bahnhof.

Pferdeeisenbahn verbindet Frankfurt mit Bornheim, Bockenheim und Rödelheim und kostet pro Stat. 20 Pf. an Wochen-, 25 Pf. an Sonn- und Feiertagen.

Postgebäude, in der Mitte der Zeil. Post nach Niederursel 9 Kilm. 1¹/₂ St. 90 Pf. Telegraphenbureau in der Börse.

Droschken. Mit Ausnahme der sogn. *Wilden* „ohne Nummern" müssen sämmtliche Droschken einen Tarif führen. *Eisenbahndroschken*-Fahrt nach einem Punkte in der Stadt 90 Pf. und 120 Pf., für 1—2 resp. 3—4 Pers. Nach Punkten ausserhalb der Stadt tritt der Zeittarif ein mit 40 Pf. Aufschlag für die ganze Fahrt, nämlich: 1—15 Mn 50—70 Pf., 16—20 Mn. 70—90 Pf., 21—25 Mn. 90 Pf. — 1 M., 26—30 Mn. 1 M.—1,₉₀ M. und so fort 51—60 Mn. 1,₇₀—2,₁₀ M. für 1—2 resp. 3—4 Pers. Jede weitere begonnenen 10 Mn. 25—35 Pf.; Zwei Stunden 3,₂° —3,₆₀ M., Drei Stunden 4,₆₀—5,₁₀ M., Vier Stundon 6,₂₀—6,₇₀ M. Handgepäck frei Für Koffer und sonstige grössere Gepäckstücke à Stück 20 Pf. *Tourfahrten* s. Tarif.

Gasthöfe: *Frankfurter Hof* (Grand Hôtel de Frankfort), grossartiges Hôtel, ähnlich dem Kaiserhof in Berlin, mit Personenaufzug; 252 Zimmer, von 2,₅₀ M. an, gewöhnliche Beleuchtung und Bedienung (mit Ausnahme von Portier und Hausknecht) sind in den Zimmerpreisen inbegriffen, die in den Zimmern angeschlagen sind, Frühstück 1,₈₀ M, Table d'hôte um 1 U. 3,₅₀ M., um 5 U. 4,₅₀ M.; warmes Bad: 2 M. Pension von 10 M. pro Tag an. Reisebureau, Billetausgabe zu sämmtlichen Bahnhöfen, Post-und Telegraphen-Agentur im *Hôtel Westendhalle* (Chr. Krämer), an den Bahnhöfen, mit allem Komfort der Neuzeit eingerichtet. Z. von 2,₅₀ M. an. Service und Bougies werden nicht berechnet. — Prachtvolle Aussicht auf die Promenade. Reide Hôtels von Hohen und Höchsten Herrschaften besucht und Familien zu empfehlen.

Englischer Hof, Rossmarkt, Speisen und Weine gelobt; *Russischer Hof*, auf der Zeil, neben der Post; *Römischer Kaiser* auf der Zeil; *Schwan*, Steinweg, hier wurde am 10. Mai 1871 der Friede unterzeichnet; *Union-Hôtel*, vormals *Weidenbusch* (J. A. V. Colloseus), Z. von 2,₅₀ M. an, sämmtlich I. R.

Hôtel du Nord, dicht an den Bahnhöfen, Gallusgasse, wo auch der *Brüsseler Hof*, altes beliebtes Haus; *Hôtel Drexel*, Friedbergerstr.. Geschäftsreisende, beliebt, Touristen empfohlen; *Württemberger Hof* (L. O. Reuss) Fahrgasse Nr. 41. Z. von 1,₇₀ M. an, Table d'hôte 1 Uhr; *Landsberg*, Ziegelgasse, beliebt, Touristen empfohlen; *Pariser Hof*, Schillerplatz; *Augsburger Hof* (G. W. Dietrich).

Einfacher und billiger: *Nürnberger Hof*, Schnurrgasse; *Stadt Darmstadt*, Fischergasse; *Main-Hôtel*, F X. Schmidt, Holzpförtchen; *Actien-Hôtel*, Friedensstr.; *Israelitische Küche*: *Hôtel Reiss*, *Hôtel Ullmann*, *Hôtel Emmerich*, alle drei in der Allerheiligengasse.

Restaurationen: *Böhm*, gr. Kornmarkt; *Hartmann*, Gallusanlage, beim Main-Neckar-, Taunus- und Main-Weser Bahnhofe, mit Bierwirthschaft; *Beyer*, Bibergasse.

Cafés: *Café Milani*, Zeil, Pariser Genre; *Pavillon Milani*, Friedberger Thor; *C. Holland*, Götheplatz, gelobt; *C. Häuser*, *C. Müller*, *C. de Paris*, *C. Kaufmann*, alle vier an der Zeil; *C. Schiller*, Schillerplatz; *C. Goldschmidt*, Allerheiligengasse, beliebt, viele Zeitungen.

Bier: (überall mit Restauration) *Becht*, neben dem Taunus- und Main-Weser Bahnhof; *Bavaria*, *Allemania* und *Café Neuf*, Schillerplatz; *Taunus*, Bockenheim. Str.; *Stadt Ulm*, Schäfergasse; *Café zum Thurm*, Eschenheimerthor; *Rosenau*, Reuterweg; *Gambrinus*, Brücken-Hofstr.; *Café Göthe*, Holzgraben, etc

Felsenkeller: *Auf dem Sachsenhäuser Berg*, mit Glasgallerie; *Schwager*, Röderberg, mit hübscher Aussicht auf das Mainthal und Offenbach.

Conditoreien: J. F. Röder, jetzt *A. Bütschly*, Götheplatz, gut, auch von Damen besucht; *F. R. Bütschly*, kleiner Hirschgraben; *Knecht*, Paulskirche; *de Georgi*, Bleidengasse; etc.

Frankfurt am Main, die freundliche Herberge Europa's, wie man die Stadt benannte, mit 120,000 Einw. in der Mitte von vier Auen (der *Wetterau*, als Speicher, der *Rhenigau*, als Keller, der *Manigau*, er liefert Holz und Bausteine, der *Gerau*, als Küche, wie es von altersher bezeichnet wurde), hat seit 1866, wo die alte Kaiserstadt preussisch wurde, eine totale Umgestaltung erfahren.

Frankfurts Handel mit Wein, Leder, Holz und Staatspapieren erstreckt sich fast über die ganze Erde, und der alten Kaiserstadt Herbst- und Ostermesse haben noch immer grosse Bedeutung.

Alte Wartthürme bezeichnen den Umfang des Weichbildes der Stadt. Am linken Ufer des Main liegt *Sachsenhausen*, die Vorstadt Frankfurts, mit Frankfurt verbunden durch eine steinerne Brücke und den eisernen hängenden Steg.

Kunstdenkmäler, Sammlungen, Institute, Anlagen.

Bei beschränkter Zeit. Die *Städel'schen* Sammlungen, *Gutenberg-*, *Göthe-*, *Schiller-Denkmal*, *Kaiser-Saal im Römer*, aus dem Römer links durch die neue Kräme, und in deren Verlängerung durch die Liebfrauen-Gasse auf die Zeil, beim *Hessen-Denkmal* zum *Bethmann-Museum*, zurück durch's Friedberger Thor, Friedberger Strasse über die Zeil, und durch die Fahrstrasse zur *Mainbrücke.*

Städel'sche Kunst-Anstalt. Vom Naturhistorischen Museum, das Eschenheimer Thor rechts lassend, die Hochstrasse entlang, bei dem Bockenheimer Thor vorbei, in gerader Richtung bis in die Neue Mainzer Strasse, hier links hinein, bis zu Nr. 35 auf der rechten Seite, oder vom Schillerplatz über den Rossmarkt, links bei der Gutenberg-Statue vorbei, geradeaus in die grosse Gallus-Strasse bis an's Taunus-Thor, dann rechts in die Neue Mainzer Strasse bis Nr. 35 links. — Geöffnet: *täglich* ausser Sonntag von 10—1 Uhr unentgeltlich. An andern Stunden gegen Trinkgeld von 85 Pf. Die *Bibliothek des Instituts* ist Dienstag und Donnerstag und die Kupferstich-Sammlung Montag und Freitag von 11—1 Uhr geöffnet. (Im Hofe links.) — Der *neue Prachtbau* zur Aufnahme der Sammlungen liegt in Sachsenhausen, Schaumainquai 63 und Dürerstr. 2 und 10. Weg von der Zeil: Schiller-Monument, Rossmarkt, Gutenberg-Denkmal, Gr. Gallus-Str., dann l. durch die Mainzerstr. oder noch geradeaus bis zu den Gallus-Anlagen und l. zur Unter-Mainbrücke und über dieselbe zum Schaumainquai.

Schiller-Monument am Anfang der Zeil.

Göthe-Monument, auf dem Götheplatz, in der Nähe des ersten.

Gutenberg-Denkmal, Rossmarkt.

Kaisersaal im Römer, Zeil, Neue Krämer-Str. Römer am Sonntag, Montag, Mittwoch und Freitag 11—1 Eintritt frei. Befindet man sich am Main, von Sachsenhausen kommend, übern Steg zum Saalhof, dann rechts bei der Nicolaikirche vorbei auf den Römerberg, links das grosse Gebäude mit dem Thürmchen auf dem Giebel ist der Römer. Gegen Trinkgeld (1 Pers. 40 Pf., eine Gesellschaft 75 Pf.) zu jeder Zeit zu besichtigen. Man klopfe an den Saal; auch ist eine Schelle auf dem Corridor.

Hessendenkmal, Zeil, Schäfergasse, Vilbelgasse; oder wenn man Zeit hat, mit Wagen durch die Anlagen vom Untermain (Gallus-Anlage) anfangend, zum Denkmal, und gleich dabei zum *Ariadneum*, oder Bethmann's Museum, im Landhaus des Freiherrn Moritz v. Bethmann. Täglich von 10—1 Uhr, Trinkgeld 50 Pf. bis 75 Pf. Sonntags unentgeltlich.

Bibliothek *(städtische)*. Zur Mainbrücke, dann stromaufwärts über die „schöne Aussicht" an der Ecke der langen Strasse, dicht am Ober-Main-Thor. Geöffnet *Montag* bis Freitag von 9—1 Uhr, *Mittwoch* auch von 3—5 Uhr. Ausser dieser Zeit zur Besichtigung für Fremde, Klingel am Portal, Trinkgeld an den Kastellan.

Städtische Gemälde-Gallerie. Von der Bibliothek über die „schöne Aussicht" am Main entlang, bis zur letzten Querstrasse rechts vor dem Fahr-Thor,

da hinein bis zur Saalgasse; dann links bis Nr. 31 zum *Saalhof.* Geöffnet:
Montag, Mittwoch und Freitag von 11—2 Uhr: für Fremde jeder Zeit gegen Trinkgeld.

Naturgeschichtliches Museum. Vom Schillerplatz, die Statue links rück-
wärts lassend, die Eschenheimer Strasse bis zum Thor, dann rechts in die Bleichstrasse 37 das Eckhaus Die Sammlungen sind geöffnet: *Mittwoch, Freitag und
Sonntag von 11—1 Uhr* gratis; an den andern Tagen von 8—1 und von 3—6 Uhr
mit Trinkgeld (75 Pf.).

Ausstellung, *permanente, des Frankfurter Kunstvereins*, vom Schillerplatz
über den Rossmarkt, die Gutenberg-Statue links lassend, geradeaus in die
Junghofstrasse 8. Täglich von 9—6 Uhr, 85 Pf. Entrée, wofür man ein Loos
zu der im December alljährlich stattfindenden Verloosung von Bildern und
Kunstgegenständen erhält.

Der Palmengarten. Von den westlichen Bahnhöfen durch die Gallus- und
Taunus-Anlage bis zur Bockenheimer Strasse, vor dem Bockenheimer Thor das
prachtvolle *neue Opernhaus*, dann links die breite schöne Strasse mit den eleganten Villen, auf der Hälfte zwischen Frankfurt und Bockenheim rechts 100
Schritte seitwärts zum Eingang; — oder von der Zeil über den Schillerplatz,
die Statue links lassend, über den Biebertz, Theater-Platz, grosse Bockenheimer
Strasse, diese verfolgend. Geöffnet: *Täglich,* Eintritt 1 M., Concert täglich von
5—7 Nm. und 8—1/211 Abends.

Zoologischer Garten: Auf der Pfingstweide beim Hanauer Bahnhof. Geöffnet: *den ganzen Tag,* Eintritt 1 M., alle Nachmittage und Abends Musik.

Der **Römer,** ein welthistorisches, merkwürdiges Gebäude,
welches der Rath 1405 kaufte und mit der Säulenhalle im obern
Stockwerke, dem jetzigen Kaisersaale, als Rathhaus einrichtete.
Im *Kaisersaale* fanden in den letzten Jahrhunderten die fest-
lichen Krönungsmahle statt, und an den Fenstern zeigte sich
der neu erwählte Kaiser dem auf dem Platz (Römerberg) ver-
sammelten Volke, wo Wein geschenkt, ein Krönungsochse ge-
braten und Münzen ausgeworfen wurden. (Siehe „Göthe's Wahr-
heit und Dichtung", V. Buch). An den Wänden dieses Saales sind
die Bilder der deutschen Kaiser, von Konrad I. an, angebracht.

Der Römer in Frankfurt a. M.

Dem Römer gegenüber auf dem *Römerberg* die **Nicolai-kirche**, ursprünglich von Kaiser Konrad III. erbaut. Auch sie ist nicht in ihrer ersten Gestalt erhalten, doch reicht sie in's 15., mit beträchtlichen Theilen sogar in's 13. Jahrh. hinauf, um welche Zeit sie von Rudolph v. Habsburg wieder erbaut wurde. Nach mannichfachen Schicksalen zuletzt seit 1841 dem Gottesdienst wieder übergeben, mit Altarbild von Rethel. Durch die eheml. **Markstr.** am Hause der Familie Melem, aus dem 15. Jahrh., vorbei zum **Dom**, St. Bartholomäuskirche (die Besichtigung geschieht am besten von 12—3 Uhr, weil um diese Zeit der Oberglöckner stets da ist; Trinkgeld 50 Pf., Gesellschaft 1 M.). Der Dom liegt ziemlich versteckt zwischen Domplatz. Weckmarkt und Mehlwage. Nächster Weg von der Zeil durch die Hasengasse, über den Bier-Hof und Borngasse zum Domportal. Der *Pfarrthurm*, eines der hervorragendsten Denkmäler des 15. Jahrh. am Mittelrhein, wurde 1415 von Madern Gertener begonnen. In der Nacht vom 14. auf den 15. August 1867 wurde das Domdach durch Feuer zerstört. Das ganze Gebäude ist jetzt neu hergestellt. Vor dem Hochaltar des Doms fanden die Krönungen der deutschen Kaiser statt.

Der Ostseite des Doms gegenüber das sogen. *Lutherhaus*, wo Luther bei seiner Reise nach Worms hier zum Volke gesprochen haben soll, mit einem alten Medaillon-Steinbild und Inschrift.

Kam man aber vom Dom zum Römer, dann geht man von diesem an der Nicolaikirche vorbei zum **Saalhof**, er zeigt jetzt von dem ursprünglichen carolingischen Bau keine Ueberreste mehr, wenn nicht etwa die alte Hauskapelle mit zwei Kreuzgewölben und einem Erdgewölbe mit 6 Fuss dicken Mauern zu diesen Zeiten hinaufreicht. Der thurmartige Bau, welcher sie enthält, mag der von Jacob Knoblauch vorgenommenen Erneuerung angehören. Die städtische **Gemälde-Gallerie** (S. 73), seit 1867 im Saalhof aufgestellt, enthält die der Stadtgemeinde Frankfurt gehörenden Oelgemälde. Diese Sammlung wird nach Vollendung des neuen städtischen Archivs, neben dem alten *Leinwandhaus* im Bau nach Denzinger, dahin übersiedelt werden.

An der Rückseite des Römers erhebt sich, am Paulsplatze, die *alte Börse*, 1844 nach *Stüler's* Plan aus Sandstein im Rundbogenstil erbaut. Auch dieses Gebäude wird demnächst wohl eine andere Bestimmung erhalten, da es den Ansprüchen der Neuzeit nicht mehr genügt.

Die **neue Börse**, auf dem sogen. Bahnhofe errichtet, 1876 begonnen, wurde am 4. März 1879 feierlich eröffnet. Es ist ein grossartiger Prachtbau, auch innen recht sehenswerth. Der Weg zur neuen Börse geht von der alten durch die Neue Krämer-Str. über die Zeil und den Schillerplatz.

Der alten Börse und der Nordseite des Römers gegenüber
liegt auf dem Paulsplatz die **Paulskirche**, die evangel. Haupt-
kirche an der Stelle der eheml. Barfüsserkirche. Von 1786 bis
1833 wurde daran gebaut. Das Interessante an der Kirche ist
ihre Orgel von Walker (4000 Pfeifen), und ihre Bestimmung als
Sitzungssaal des eheml. Reichsparlaments in den Jahren 1848—49.
Ueber die *Neue Kräme* zur **Liebfrauenkirche** auf dem
Liebfrauenberg, eheml. Rossbühl, ein goth. Bau von 1322, mit
hübschen Portalen an der Südseite, im Innern Grabsteine aus
dem 14. und 15. Jahrh. Vor der Kirche ein alter Brunnen.
1770—1771 erbaut, jetzt renovirt. Auf dem Liebfrauenberg
huldigte die Bürgerschaft 1486 dem röm. Könige Maximilian
und im Jahre 1658 Leopold I.
Durch die Liebfrauenstrasse (Malakofstrasse) auf die Zeil,
dann l. zur **Schiller-Statue**, von Anlagen umgeben, auf dem
früheren Paradeplatz, jetzt Schillerplatz, aufgestellt 1864, Erzguss nach *Dielmann's* Entwurf. Dicht dabei die *Hauptwache*,
welche am westlichen Ende der Hauptstrasse Frankfurts, der
Zeil, liegt. R. die 1680 neu errichtete *St. Catharinenkirche*, an
den Wänden eine bedeutende Anzahl Grabsteine.
Die übrigen Kirchen können unbeachtet bleiben.
Auf der l. Seite der **Zeil** No. 70 das *Mozart-Haus*, Eigenthum des Cafétier Kaufmann; Nr. 54: Böhler, Luxus- und Ge-
brauchs-Artikel; 52: Post-Amt, und 51 der Russische Hof, mit
viersäuligem Portal; Nr. 46: Palais des Grossherzogs von Hessen-
Darmstadt, mit Säulen und Balkon; Nr. 44: Tacchis Nachfolger,
Glas- und Krystallwaaren etc., einer der ausgezeichnetsten Läden
Europa's; gegenüber der sogen. Türkenschuss, Eckhaus, mit der
lebensgrossen Figur eines Türken, der eine Pistole abdrückt:
l. der Römische Kaiser (Hôtel); am östlichen Ende der Zeil,
dieser breiten, prächtigen Strasse mit schönen Läden und Waaren-
magazinen, liegt r. die *Constabler-Wache* (Gefängniss und Wacht-
local), welche sowohl 1833 bei den Studenten-, als 1848 bei den
Volksunruhen eine bedeutende Rolle spielte.
Neben dem Hôtel zum Römischen Kaiser mündet die Schäfergasse, durch diese zu dem seit 1828 nicht mehr benutzten, mit
Parkanlagen versehenen **Alten Friedhof**, Eingang bei der
Trauerweide; wenige Schritte vom Thor r. das Grab der „Frau
Rath", Göthe's Mutter (geb. den 19. Februar 1731, † 13. Sept.
1808).
Auf dem alten Peterskirchhof das *Denkmal für die im
Kriege 1870/71 gebliebenen Frankfurter* nach Ehrhardt's Ent-
wurf. Die *Peterskirche* l. lassend durch die Vilbeler Strasse
zum Friedberger Thor hinaus und zum **Hessen-Denkmal**, ein
kolossaler Widderkopf, Helm, Schild. Keule und Löwenhaut in
Erz, von Friedrich Wilhelm II. dem Prinzen Karl von Hessen-

Philippsthal und seinen Kampfgenossen, deren Namen es trägt, zum Andenken an die Eroberung der Stadt (2. Dec. 1792) errichtet. L. daneben das 1855 neu erbaute *Bethmann'sche Museum (auch *Ariadneum* genannt, Eintritt s. S. 73). Ist das Museum geschlossen, so kann man sich an den Conservator des Museums, Herrn Pfaff, Bleichstrasse Nr. 1, zum Einlass melden. In einer Rotunde mit Oberlicht verschiedene Kunstgegenstände; der Basrelief-Fries dieser Haupthalle ist ein Gypsabguss des „Einzugs Alexander's des Grossen in Babylon", von *Thorwaldsen;* ferner sind hier die Gypsabgüsse berühmter Antiken; ausserdem die Todtenmasken des Fürsten Felix M. Lichnowsky, † 18. September 1848, und des Kaisers Nicolaus von Russland. Das Hauptinteresse dieser Kunstsammlung nimmt aber *Dannecker's *Ariadne* in Anspruch.

Von hier r. durch die Anlagen, der Eschenheimer Landstrasse folgend, am *Museum Vanni* (plastische Werke) vorbei zu dem 20 Min. entfernten, 1828 eingeweihten **Friedhof,** dem schönsten Deutschlands. Vier dorische Säulen tragen das Eingangsthor, mit goldenem Kreuz. Dem Verwalter, welcher die kunstvollen Denkmäler zeigt, Trinkgeld 0,75—1 Mk.

Zurück durch's Petersthor, Alte Gasse, die Peterskirche r. lassend, Friedberger Strasse über die Zeil, die Constabler-Wache r. lassend, in die Fahrgasse, und gleich l. in die Allerheiligen Gasse einbiegend, an den Comptoirs des weltberühmten Geschäftshauses M. A. von Rothschild & Söhne (l. das Eckhaus) vorbei, zur *neuen Synagoge,* im maurischen Stil, mit vergoldeten Kuppeln, eingeweiht am 24. März 1860. Das Gebäude beherrscht den Eingang zur **Judengasse,** das Frankfurter Ghetto.

Ziemlich im Anfang der Judengasse l. Nr. 148 ist das *Stammhaus der Rothschilds;* die Wittwe von Meyer Anselm v. Rothschild, dem Gründer des Geschäfts und Reichthums, bewohnte das Haus bis zu ihrem Tode. L. Nr. 118 sagt eine graue Marmortafel: „In diesem Hause wurde Ludwig Börne am 12. Mai 1786 geboren." An der Ostseite des Judenmarktes das 1830 von Rothschild gegründete *Israelitische Bürgerhospital,* dahinter der alte Juden-Kirchhof. Durch die Rechneigstrasse zur Lang-Str., hier r. zum *Hospital zum heil. Geist* oder Fremden-Hospital, zur Aufnahme Fremder; es werden jährlich an 2000 Kranke verpflegt. Dann weiter die Lang-Str. abwärts zum Main zur **Stadtbibliothek** (S. 73). Ein von Hess 1820—25 erbautes, mit 6 korinthischen Säulen geschmücktes Gebäude.

Das Eckhaus der Bleich- und grossen Eschenheimer Strasse birgt das **Senkenberg'sche naturgeschichtl. Museum** (Besichtigung s. S. 74).

Weiter nach der Zeil beim Schillerdenkmal vorbei durch

Göthe-Denkmal in Frankfurt a. M..

den Steinweg l. der Götheplatz, mit dem *Göthe-Denkmal, 1844
von Schwanthaler entworfen, von Stiglmayer in München gegossen. Die Statue des Dichters in der Haustracht hält in der
Linken einen Lorbeerkranz. Das an der Vorderseite des Fuss-
gestelles befindliche Relief zeigt die Naturwissenschaft, die dramat.
und lyrische Poesie; auf der Westseite: Mignon mit Wilhelm
Meister und dem Harfner, und Hermann und Dorothea; die
Nordseite, dem Theater zugekehrt, zeigt Götz von Berlichingen,
Egmont und Tasso, links die Braut von Corinth, den Sargdeckel
hebend, Prometheus, den Erlkönig mit dem Knaben im Arm,
und den Gott und die Bajadere; die Ostseite: Orest (Iphigenie),
Faust und Mephistopheles. Mit wenigen Schritten ist man vor
dem *Gutenberg-Monument auf dem Rossmarkt. Auf einem
grossen Brunnen-Piedestal von Sandstein stehen die drei über-
lebensgrossen Standbilder *Gutenberg*, zu seiner Rechten *Fust*,
zur Linken *Schöffer*. Das Monument wurde im Jahre 1858
enthüllt.

Vom langen **Rossmarkt**, dem grössten Platze Frankfurts, dehnen sich nach W. die *neuen Strassen-Anlagen* nach den West-Bahnhöfen hin aus, deren Häuser meistens durch architektonisch schöne Fronten sich auszeichnen; darunter an der Bethmannstr. und Friedenstr. das grosse Actien-Hôtel „*Zum Frankfurter Hof.*" Vor dem Hôtel auf dem *Kaiserplatz* die *von Erlanger'sche Fontaine.*

Vom Gutenberg-Monument über den Platz zum Englischen Hof und r. in die hier mündende Strasse (Grosser Hirschgraben) einbiegend, zum **Göthehaus.** Die daran befestigte Metalltafel sagt: „In diesem Hause wurde Joh. Wolfg. Göthe am 28. August 1749 geboren."

Vom Göthehaus über den Rossmarkt nach der Junghofstrasse Nr. 8 zum **Frankfurter Kunstverein** (S. 74). Hier werden Bilder neuerer Maler ausgestellt, die Bilder wechseln fast wöchentlich.

Das **Städel'sche Institut,** in der Nähe (S. 73), bildet die sehenswertheste Kunstsammlung der Stadt; gestiftet vom Banquier Städel († 1816), welcher der Stadt ausser seiner Gemälde- und Kupferstichsammlung auch seine Häuser und sein Vermögen von 1,200000 fl. vermachte. Das Institut besteht aus: *der Kunstschule* und den *Sammlungen* (Gemäldegallerie, Kupferstichsammlung und Kunstbibliothek).

Nun r. die neue Mainzerstrasse bis zum Untermainquai entlang, zur *Neuen Mainzerbrücke,* vom Ingenieur Schmick, dem Erbauer des eisernen Stegs, ausgeführt.

Jenseits der Brücken *Sachsenhausen,* eine Gründung Karl des Grossen, auf den Höhen am Ausgange des Orts der viel besuchte *Felsenkeller* mit schöner Aussicht.

Ueber die neue Unter-Main-Brücke zurückkehrend, gehen wir über den *Untermainquai* zum *Untermainthor* hinaus, passiren die *Untere-Main-,* die *Gallus-* und die *Taunus-Anlage.* An deren Ende ein scherzhaftes Denkmal auf einem Brunnen: lachender, weinbekränzter Kopf mit der Inschrift: „Gesegnet soll der Trunk uns sein, das Wasser Euch, und mir der Wein!" Weiter aufwärts das *Denkmal Guiolett's,* des Gründers der Anlagen. L. die *Bockenheimer Landstrasse,* geradeaus das **neue Opernhaus,** ein Prachtbau.

Die Bockenheimer Landstrasse entlang zum Palmengarten 20 Mn. Aus der Stadt am bequemsten mit der Pferdebahn vom Schillerplatz.

Der ***Palmengarten,** auf einer kleinen Anhöhe, mit hübscher Aussicht auf den Taunus. Schöne Park und Gartenanlagen, in deren Mitte die 1869 vom Herzog von Nassau gekauften Gewächshäuser sich befinden. Die Anlage des Palmengartens mit Wasserfall und Grotten ist sehr schön und der Besuch sollte von keinem Reisenden versäumt werden. Neben der grossartigen

Glashalle die geschmackvollen Restaurationsgebäude mit empfeh-
lenswerther Restauration, in deren Nähe die sog. *Künstlerhalle*,
Ausstellung von Werken neuerer Künstler. Die Palmengarten-
Gesellschaft führt einen neuen Prachtbau, der Geselligkeit dienend,
auf.
    Zum Zoologischen Garten auf der Pfingstweide, aus der
Stadt: Zeil, Allerh. Gasse, Friedberger Anlage; von der Bibliothek, durch die Ober-Main-Anlagen, am Weiser vorbei,
zur Friedberger Anlage; schönste Promenaden. Der **Zoolo-
gische Garten,** seit 1874 hier eröffnet, mit hübschen Anlagen
und guter Restauration.

XIX. Mainz - Worms.

44 Kilm. **Hessische Ludwigsbahn** 1½ St. P. Z. für 360, 240, 155 Pf.; 1 St.
S. Z. für 435, 290 Pf.
    Die Retourbillete (mit 25 pCt. Ermässigung) haben im Localverkehr für 2
Tage (die Sonn- u. Feiertage nicht mitgerechnet), Retourbillete zw. zwei be-
nachbarten Stationen jedoch, sowie die Sonntagsbillete nur für den Tag der
Ausgabe Gültigkeit.
    Dampfboote der Cöln-Düsseldorfer Gesellschaft. Von Mainz nach Worms
Einzelpr. 120, 80 Pf.; Wochen-Doppelpr. 160, 110 Pf.; Jahres-Doppelpr. 190,
130 Pf.

Von **Mainz** (S. 39) aus den Festungswerken an Weissenau
vorbei, die berühmten Weinorte *Laubenheim* und *Bodenheim* rechts
lassend, an *Nackenheim* vorüber (von hier ab nähert sich die
Bahn dem Rhein) nach **Nierstein** (*Zum Anker*, gut) in Mitten
der berühmten Weingelände. Sehenswerth die *v. Herding'sche
Familien-Kapelle* mit 6 Fresken von Götzenberger, r. auf der
Höhe ein alter Wartthurm. — Die Bahn läuft dicht am Rhein
hin, entfernt sich dann wieder und kommt nach **Oppenheim**
(*zum Ritter*, gelobt).
    Stat. **Guntersblum** (*zur Krone*). wohlhabender Ort mit be-
trächtlichem Weinbau, dem gräfl. Leiningischen Schloss, einer
alten Kirche und stattlichem Rathhaus. Es folgen nun die Stat.
Alsheim, Mettenheim und **Osthofen.**

Worms.

Gasthöfe: *Alter Kaiser*, beim Dom (A. Kirschhöfer Ww.), altes Haus von
bewährtem Ruf; *Hôtel Hartmann*, früher Liebfrauenberg, bei der Post (J. B.
Hartmann); *Europäischer Hof* am Bahnhof; *Rheinischer Hof* am Landeplatze der
Dampfboote ¼ St. vor der Stadt.
    Restauration von Worret.

Worms mit 17.000 Einw. (darunter 10000 Protestanten,
5500 Katholiken, 1100 Juden) liegt 15 Mn. vom l. Ufer des
Rheins, in einer äusserst fruchtbaren Gegend.

Der Aufschwung und die Blüthezeit der herrlichen Reichsstadt Worms fällt in die Epoche von Kaiser Heinrich IV. bis zum Tode Maximilian I. Geschichtliche Glanzpunkte innerhalb dieses Zeitraums sind: die Beilegung des Investiturstreites durch den 1122 zu Worms geschehenen Austausch des zwischen Kaiser Heinrich V. mit Papst Callixt geschlossenen Vertrages, der Beitritt der Wormser zum rheinischen Städtebund, und der 1495 vom Kaiser Maximilian I. ausgeschriebene Reichstag, auf welchem der ewige Landfriede, die Kreiseintheilung Deutschlands und das Reichskammergericht zu Stande kamen. Um diese Zeit zählte Worms 70,000 Einw. Der berühmteste Reichstag war der im April 1521, als Luther vor Kaiser Karl V. erschien, wo der grosse Reformator vor dem Herrscher des Reichs, vor 6 Kurfürsten und einer auserlesenen Versammlung seine Lehre mit männlichem Muthe vertheidigte, und mit den energischen Worten schloss: „Hier stehe ich, ich kann nicht anders, Gott helfe mir, Amen!" — worauf er in die Reichsacht erklärt wurde (d. h. es durfte ihn Jeder ungestraft todtschlagen).

Der *Dom ist an Stelle eines viel älteren Baues 1010 geweiht. Bald darauf wurde er, den Einsturz drohend, wiederhergestellt und noch einmal 1181 geweiht. Der Dom überrascht und imponirt durch die Grösse und den romanischen Baustil; tritt man in's Innere, so ergreift die Erhabenheit und ausserordentliche Einfachheit. Er ist aus rothem Sandstein erbaut (der hintere Thurm von 1472).

Neben dem Thore steht nördlich eine rothe Sandsteinmauer, ein Rest des 1689 durch das französische Gesindel zerstörten *Bischofs-Hofs*, bekannt durch Luther's Vertheidigung seiner Lehre.

(Zur *Besichtigung* des Doms muss der Küster geholt werden; 1 Pers. zahlt 50 Pf., eine Gesellschaft nach Verhältniss.)

Dem katholischen Dom steht als Wallfahrtsziel aller Fremden das *Luther-Denkmal ebenbürtig zur Seite. Am 24. Juni 1868 enthüllt, von *Rietschel* entworfen und nach dem Tode des Künstlers von *Donndorf* und *Kietz* zu Lauchhammer gegossen. Es ist eine erhabene grossartige Composition. Die Verkörperung der Geschichte der Reformation tritt in 12 Statuen, 8 Portrait-Medaillons, 34 Wappen und den Reliefs dem Beschauer entgegen. — Von Rietschel sind die Figuren Luther's und Wiclef's; die anderen zehn Figuren sind: Huss, Savonarola, Reuchlin, Petrus Waldus, Melanchthon, Kurfürst Friedrich von Sachsen, Landgraf Philipp von Sachsen, — und die Städtefiguren: Augsburg, Speyer, Magdeburg. Die Vollendung des ganzen Denkmals währte 9 Jahre und kostete 200,000 Fl.

Auf den Mauern des ehemal. bischöfl. Palastes das schöne *Heil'sche Haus* im Renaissance-Stil, im Giebel mit altdeutscher Inschrift zu Ehren der Stadt Worms, dabei der sehenswerthe *Heil'sche Garten mit schönen Spaziergängen und Gewächshäusern. Sehenswerth das neue *Stadtschulhaus* (1875) und das neue *Gymnasial- und Stadtschulgebäude* (1878/79).

Eine starke Viertelstunde vom Dome steht die Liebfrauenkirche, von deren Thurme man die Stadt, dann Offenburg,

Mainz-Castel, Darmstadt, Mannheim, zahlreiche dazwischen liegende kleinere Ortschaften, den Odenwald, die Bergstrasse, das Hardtgebirge und den Donnersberg erblickt.

Um die Kirche wächst die kostbare *„Liebfrauenmilch"*, von welcher allerdings mehr als das Hundertfache, von dem, was in den günstigsten Jahren gewonnen wird, im Handel ist. Von kulturhistorischem Interesse, ohne äusseres Ansehen, ist die aus dem 11. Jahrh. stammende **Synagoge**, in der Nähe des Mainzer Thores, davon namentlich ein viel älterer Rundbau, der *Raschistuhl*, sehenswerth, seiner Construction und des Umstandes wegen, dass daselbst Raschi, der erste Commentarist des Talmud, gelehrt hat. 1849 wurde in der Stadt ein israelitisches Grab aus dem Jahre 276 aufgedeckt.

Eine Schiffbrücke verbindet Worms mit dem gegenüberliegenden *Rosengarten*, Endstation der Bahn von Rosengarten nach Darmstadt.

Ausflüge. Nach *Hernsheim* 1 St. — Zum *Lutherbaum* bei **Pfiffigheim** ¼ St.

XX. Mainz - Gr. Gerau - Darmstadt.

32,5 Kilm. Hessische Ludwigsbahn ¾ St. 280, 100, 120 Pf. (S. Z. 35 Ms. 340, 225 Pf.)

Unterhalb der neuen Anlage ansteigend, geht der Zug zur Eisenbahngitterbrücke, passirt den Rhein (schöner Blick), und erreicht zwischen Rhein und Main Station *Bischofsheim*, wo die Frankfurter Linie einmündet. Weiter nach S.-O. die Stationen *Nauheim*, **Gross-Gerau**, dabei der grossartige und prachtvolle grossherzogliche Wald und Wildpark mit guter ländlicher Restauration und Rudeln bis 200 Stück Dam- und Rehwild. Der Zug passirt *Weiterstadt*, dann *Hemmelstrift*, wo die Bahn von Worms (Rosengarten) einmündet und in entgegengesetzter Richtung nach Aschaffenburg geht, und erreicht den langgestreckten Bahnhof der Hauptstation Darmstadt.

Darmstadt.

Gasthöfe: *Zur Traube* (G. Stempel), Luisen-Platz, gute Küche, aufmerksame Bedienung: — **Darmstädter Hof* (G. L. Wiener), Rheinstrasse 12, gelobt; beide Familien zu empfehlen. — **Prinz Carl*, viel Geschäftsreisende, gelobt, Pensionspreis bei einem monatlichen Aufenthalt von 3,50 M. an. — *Hôtel Köhler* beim Bahnhof. *Bahnhofhôtel* im Bahnhof der Hessischen Ludwigsbahn.

Restaurationen: *Bühler* neben der Traube; *Stamm*, am Theaterplatz; *Stengel*, gegenüber dem Bahnhof; *Formhals*, am Telegraphenbureau; *Fiek*, Elisabethstrasse; *„Bockshaut"*, Kirchstrasse.

Darmstadt, Haupt- und Residenzstadt des Grossherzogthums Hessen, hat 45,000 Einw. (incl. der Vorstadt *Bessungen*).

In der langen Rheinstrasse ist die 43 m. hohe **Ludwigs-Säule**, mit dem Standbilde des Grossherzogs Ludwig I., nach *Schwanthaler's* Entwurf von Stiglmayr gegossen, 1844 errichtet; 172 Stufen führen auf die aussichtreiche Spitze. (Trinkg. 50 Pf.) Zu Ende der Strasse liegt das *Schloss* mit Anlagen, ein sehr weitläufiges Gebäude, 1568—1717 aufgeführt; der neuere Anbau von 1783 ist grossherz. Wohnung. Im Thurm des Glockenhauses ist ein Glockenspiel, das bei jedem Schlag der Uhr ertönt. Im Schlosse ist das *Museum.* Die Sammlungen sind *Dienst., Mittw., Donn., Freit.* 11—1 und *Sonnt.* 10—1 Uhr unentgeltlich geöffnet. — Die *Hofbibliothek* mit 450,000 Bänden und einigen typographischen und handschriftl. Seltenheiten ist mit Ausnahme des Sonnabends, der Sonn- und Festtage von 9—12 und 2—4 Uhr täglich unentgeltlich geöffnet. — Die *Gemälde-Gallerie* im obern Stock zählt ca. 700 Bilder, darunter viel Werthvolles. (Catalog 130 Pf.) — Im mittlern Stock: *Römische Alterthümer.*

Wenige Schritte hinter dem Schloss die Ruine des 1872 abgebrannten Theaters und der Eingang des schönen **Herrengartens,** dem Grossherzoge gehörende prachtvolle Parkanlagen mit Promenaden, mitten in der Stadt; *Denkmal der Landgräfin Henriette Charlotte* († 1774) mit der Inschrift auf der einfachen Urne: „femina sexu, ingenio vir".

Auf dem Theaterplatz, vor dem Zeughaus, die *Standbilder* des Landgrafen Philipp des Grossmüthigen († 1567) und seines Sohnes Georg I. († 1596).

Im *Palais des Prinzen Karl* in der Wilhelminen-Strasse das berühmte Bild von Holbein: *Madonna mit der Familie des Baseler Bürgermeisters Meyer.

Darmstadt-Rosengarten-Worms.

44 Kilm. **Hessische Ludwigsbahn** 1½ St. bis **Worms Bbf.** für 380, 255, 165 Pf.; bis **Worms Haf.** 365, 245, 155 Pf.; bis **Rosengarten** 340, 230, 145 Pf.

Im Bogen über Station Hemmeltrift nach S. W. biegend läuft die Bahn auf den Rhein zu, geht an Stat. *Griesheim* und Stat. *Wolfskehlen* vorbei zur Stat. *Goddelau-Erfelden,* wo die im Bau begriffene Bahn: (Frankfurt-Niederrad-Goldstein) — *Walldorf,* Haltestelle — Stat. *Mörfelden, Dornberg, Gr. Gerau:* (Verbindung mit Gr. Gerau): *Dornheim, Leeheim-Wolfskehlen* einmündet. Hier nach S. wendend läuft die Bahn an den Rhein hinan, l. Hospital Hofheim, und kommt etwas vom Strom abwendend zur Stat. *Stockstadt,* hier bildet der Rhein einen mächtigen Bogen, an der Stelle „*am Geyer*" wurde 1819 der mächtige Durchstich gemacht, wodurch die Schifffahrt zu Berg 6. zu Thal 3 Stunden gewann. — Weiter folgt Stat. *Biebesheim*

6*

und wieder am Rhein Stat. **Gernsheim** (*Zum Karpfen; Ross*
mit der 1836 gesetzten *Peter Schöffer-Statue*, Genosse Gutenberg's
des Erfinders der Buchdruckerkunst. (Nach Zwingenberg a.
Bergstrasse 9,₅ Kilm.) Die Bahn entfernt sich vom Rhein, läuf
an Kl. Rohrheim vorbei ö. zur Stat. *Rohrheim*, 3 Kilm. voi
Rhein, dann zur Stat. *Biblis*, von wo die im Bau begriffen
Bahn: *Biblis-Bürstadt-Lampertheim*, *Waldhof*, *Käferthal*, *Mann*
heim, Hauptbahnhof, abgeht. Unterhalb bei *Lochheim* wurd
der Nibelungenhort in den Rhein versenkt. Die Dörfer Ober
und Niederlochheim hat der Strom schon vor 1252 verschlungen
Dahinter wird die Weschnitz überbrückt; *Hofheim*, wo die Ver
bindungsbahn von *Bensheim* a. d. Bergstrasse über Lorsch und
Bürstadt mündet. Folgt Station **Rosengarten**, von wo mal
mit bereitstehendem Dampfboot, oder über die Schiffbrücke nach
Worms kommen kann, ¹/₄ St., hier Anschluss zur Weiterfahrt
nach Ludwigshafen. Wenn die Strecke Lampertheim-*Mannheim*
17,₅ Kilm. fertig sein wird, können nach Mannheim Reisende,
die nicht nach Worms wollen, schon von Biblis auf der Linie
Darmstadt-Worms abbiegen; oder von Worms mit der am
15. October 1877 eröffneten Strecke *Rosengarten-Lampertheim*
weiter fahren.

XXI. Frankfurt - Darmstadt - Bensheim - Worms.

**48,₂ Kilm. Main-Neckar-Bahn von Frankfurt bis Bensheim 1 St. 42 Mn
340, 225, 150 Pf. S. Z. 410, 275, 195 Pf. — und 24,₁ Kilm. Hessische Ludwigsbahn
von Bensheim nach Worms 54 Mn. 220, 145, 95 Pf.**

Die Bahn überschreitet auf stattlicher Brücke den Main,
kreuzt die am 18. September 1876 eröffnete Bahn Sachsenhausen-
Niederrad, führt durch einförmige Gegend an den Stat. *Isenburg*.
Langen, Engelsbach und *Ahrheiligen* vorbei, wo nur Personen-
züge halten, und erreicht **Darmstadt**, s. S. 82.

Die Bahn zieht sich von Darmstadt an der landschaftlich
schönen **Bergstrasse** hin, die man wenigstens theilweise zu
Fuss durchwandere (von Darmstadt bis Heidelberg 48 Kilm.).
Man hat·sie nicht mit Unrecht den Garten Deutschlands genannt. Von der Chaussee aus kann es freilich leicht geschehen.
dass man von aller Schönheit, welche die Bergstrasse in grosser
Fülle bietet, gar wenig gewahr wird. Man muss hier unter den
prachtvollen Edelkastanien und Nussbäumen einherwandeln, die
nächsten Höhen ersteigen, um das mannichfach gestaltete Gebirge, die reizenden Seitenthäler, die lachenden Städtchen, Dörfer
und Weiler in dunkelm Grün sehen und die darüber zwischen
Weingärten thronenden Bergschlösser schauen zu können.

L. bei Stat. Eberstadt die Trümmer der Burg *Frankenstein*

und der 1849 ausgegrabenen *Tannenburg.* Der Wanderer wählt
am besten die sogen. *alte Bergstrasse* zum Weitermarsch von
Eberstadt, es ist der anmuthigste Weg, der an der Ruine vorüber
führt.

Folgt Station **Bickenbach** (Post nach Jugenheim 3 Kilm.
30 Mn. 30 Pf. 5 mal h. u. z.). Der Wanderer kommt über
Dörfchen Malchen und Dorf Seeheim nach
Jugenheim, reizender Ort mit dem hübschen Schloss des
Prinzen Alexander von Hessen, auf bewaldeter Halbhöhe die
Ruine des *Alsbacher Schlosses* (durch die Frankfurter 1463 zer-
stört), darüber der *Melibocus (512 m.), der höchste Punkt des
Odenwaldes. Berühmter Aussichtsthurm, gewöhnlich von
Jugenheim oder Bickenbach oder Zwingenberg bestiegen, da
der Weg angenehmer als von Reichenbach.

Stat. **Zwingenberg,** auch hier wie in Bickenbach halten
nur Pers.-Z. (*Rindfuss; *Loos, Löwe (Diefenbach), in allen auch
Pension). Mit dem Post-Omnibus in ¹/₂ St. für 30 Pf. nach
Jugenheim.

Die Bahn führt bei dem *Auerbacher Schloss* (Wirthschaft
oben) vorbei, das auf bewaldetem Hügel über dem links liegenden
Dorfe *Auerbach* (Krone) thront, welches auch wegen seines
feurigen Weines viel besucht wird.

Stat. **Auerbach** (*Krone,* mit Bädern, Z. 120 Pf., M. 170 Pf.,
gelobt; Restauration *Hess* mit Garten). Hier halten nur Pers.-Z.

Stat. **Bensheim** (*Zur Traube; zum deutschen Hause; Reuter's
Hôtel* am Bahnhof; — Post nach Reichenbach 8 Kilm. 1³/₄ St.
80 Pf.) 6000 Einw., malerisch gelegene Stadt mit regem Verkehr;
beachtenswerth die Kirche von Moller. Ausflug nach Lorsch
1¹/₄ St., nach dem Fürstenlager und Felsenmeer, sowie Reichenbach und Lindenfels.

Folgen die Stationen: *Bürstadt,* am anderen Ende des
Lorscher Waldes, wo die Bahn Biblis-Mannheim gekreuzt wird,
und **Hofheim;** von hier nach **Worms** s. S. 84.

XXII. Frankfurt a. M. - Darmstadt - Heidelberg.

87 Kilm. *Main-Neckar-Bahn* bis Darmstadt s. S. 84 (R. 21) 26 Kilm. weiter
bis Bensheim s. oben (R. 21) 48 Kilm. Frankfurt. — Bis Heidelberg 87 Kilm.
2¹/₄ St. 615, 405, 265 Pf.
   Darmstadt-Friedrichsfeld 50 Kilm. 1¹/₄ St. — 2³/₄ St. für 420, 380, 200 Pf.
und 355, 253, 150 Pf. — Friedrichsfeld-Weiblingen-Heidelberg 10 Kilm. ¹/₄ St.
70, 45, 30 Pf.
   Retourbillets für alle Züge excl. S. Z. u. C Z. auf 2 Tage gültig mit einer
Preisermässigung von 20% für 1. u. 2. Cl., 25% für 3 Cl. Frankfurt-Heidel-
berg 980, 650, 405 Pf.

Von Frankfurt über Darmstadt bis Bensheim siehe oben.

Weiter in schnurgerader Richtung nach Süden. Oben l. die malerischen Trümmer der einst so stolzen Starkenburg, gleich dahinter folgt Stat. **Heppenheim** (*Frank*, im halben Mond). An der Thurmmauer der Kirche ein Denkstein vom Jahre 805, weshalb Karl dem Grossen die Gründung dieses Gotteshauses zugeschrieben wird. Weiterhin überschreitet die Bahn die Badische Grenze, es folgen Stat. *Hemsbach* mit *Rothschild's* schöner *Villa;* und nach Ueberschreitung der Welschnitz Stat. Weinheim (**Pfälzer Hof**).

Stat. *Grosssachsen,* eine von Karl d. Gr. gegründete Sachsen-Colonie. Hier verlässt die Bahn den Odenwald und wendet sich s.-w. auf **Ladenburg** (*Zum Adler,* beliebt) zu, in fruchtbarer Ebene am Neckar, von stattlichem Ansehen mit Mauern und Thürmen.

Der Zug braust über eine lange, schöne Neckarbrücke (aus rothem Sandstein). Stat. **Friedrichsfeld.** Knotenpunkt der Mannheimer Bahn, l. nach Heidelberg, r. nach Mannheim. Beide Stat. in ½ St. zu erreichen. Nach Heidelberg wendet die Bahn nach S.-S.-W., lässt die Dörfer *Edingen* und *Weiblingen,* beide am Neckar, l. liegen und erreicht den Bahnhof Heidelberg.

[Heidelberg.

Gasthöfe: *Backs Grand-Hôtel* (W. Back) eröffnet seit 1. Juni 1878, mit allem Comfort der Neuzeit ausgestattet. Z. von 2,50 M. an incl. Beleuchtung und Bedienung; gegenüber *Hôtel Schrieder*, beide in der Nähe des Bahnhofs und der sehr schönen Anlagen. *Schloss-Hôtel* (H. Albert) dicht beim alten Schloss mit umfassendster Aussicht. *Europäischer Hof*, in den Anlagen; desgleichen *Hôtel Victoria. *Hôtel Prinz Carl* (Sommer & Ellmer) durch Neubau bedeutend vergrössert und verschönert, unterhalb des Schlosses, mit schöner Aussicht auf dasselbe; Familien zu empfehlen; — *Hôtel zum Adler* (L. Lehr), auf dem Kornmarkt; *C. Reinhard's Hôtel de Bade* (C. Reinhard) in der Mitte der Stadt (Geschäftsreisende); — *Hôtel de Hollande* (L. Spitz Erben), am Neckar; — *Kralls Hôtel zum *Darmstädter Hof*, Ecke der Hauptstrasse u. Bismarkplatz; — *Hôtel zum Ritter*, am Markt; *Lang's Privat-Hôtel,* in der Nähe des Bahnhofs etc.

Cafés. *Wachter* am Markt; *Leers*; Biergarten im faulen Pelz.

Droschken. Von den Bahnhöfen in die Stadt und umgekehrt 1 Prs. 50 Pf., 2 Prs. 85 Pf., 3 u. 4 Prs. jede 45 Pf., dieselben Preise für Fahrten in der Stadt und bis Neuenheim und zur Hirschgasse. Pro Koffer 20 Pf. Von 11 Ab. bis 5 früh doppelte Preise. *Zeitfahrten:* ¼ St. 1—2 Prs. je 60 Pf., 3—4 Prs. je 40 Pf.; 1 St. 205 und 225 Pf.

Esel-Taxe. Zum Schloss 140 Pf., mit Wolfsbrunnen 170 Pf.

Heidelberg liegt überaus reizend in einer vom Schloss- und Heiligenberge gebildeten Thalschlucht am Neckar, über den die 225,8 m. lange Neckarbrücke führt, welche, mit dem Standbilde des Erbauers Kurf. Karl Theodor und der Minerva geziert, namentlich gegen Abend einen prächtigen Anblick der Schloss-Ruine und des Thales gewährt. Neue Neckarbrücke zwischen Heidelberg und Neuenheim.

Die berühmte Universitätsstadt mit 28,000 Einw. hat nur

eine grössere Strasse von ¹/₂ St. Länge, zwischen dem Mannheimer- und Karls-Thore. Der Schlossberg und der höher gelegene Königsstuhl lassen ihr kaum Raum sich auszubreiten. Die Universität (800 Studenten), nach Prag und Wien die älteste Deutschlands, die hochberühmte, wohlbelobte „Ruperto-Carolina", die Wiege wissenschaftlicher Bildung in Süddeutschland, wurde am 18. Oct. 1386 vom Kurf. Ruprecht I. gegründet und verdankt namentlich seit 1802 dem Herzoge Karl Friedrich ihren Ruf.

In den reizenden Anlagen, welche vom Bahnhofe aus die halbe Stadt umziehen, erinnern zwei Denkmäler an die Gründer der Anlagen: *Metzger* und *Fischer*. Der ganz in der Nähe befindliche St. Annenkirchhof enthält schöne Grabdenkmäler; hier ruht auch der Dichter *Joh. Heinrich Voss* († 1826).

Das alte *Heidelberger Schloss*, das Hauptziel aller Fremden, ist die grossartigste und herrlichste Ruine in überraschend schöner Lage auf einem Bergvorsprunge des Königsstuhls, 100 m. über dem Neckarspiegel.

Taxe aller Sehenswürdigkeiten im Schlosse incl. des grossen Fasses 1 Pers. 85 Pf., 2 Pers. 140 Pf., 3 und mehr Pers. jede 50 Pf. Das sogenannte *grosse Fass* kann 236 Fuder (236,000 Flaschen) in sich aufnehmen, ist 1751 verfertigt, 13 Schritt lang und 11 Schritt breit.

Den Grundriss des Schlosses bildet ein Viereck, fast parallel mit dem Neckar, und so gelegen, dass die nördliche Seite der Stadt zugekehrt ist, und auf dieser Seite auch der Burgweg mündet, auf dem vorzugsweise die Reisenden in das Schloss gelangen. Die Zeit der Gründung und Erbauung des Schlosses ist unbekannt. Sämmtliche Bestandtheile desselben fallen aber in die Zeit vom 14. bis zum 17. Jahrh., und die vorzüglichsten gerade in die letzte Periode.

Durch die Thorwege der nördl. Vorwerke zum Altan, der einen schönen Ueberblick über die Stadt und den Kreisabschnitt der Ebene gewährt, in welche der Neckar ausläuft. Man sieht hier den Park von Schwetzingen und einen Theil von Mannheim deutlich. Fast in der Mitte der nördlichen Front gelangt man durch den Eingang in den Schlosshof.

Das Gebäude, in dessen Kellern das grosse Fass aufbewahrt wird, ist der Friedrichsbau, gegen Norden, und vom Eingange rechts gelegen, von dem Pfalzgrafen Friedrich IV. 1601 begonnen und 1607 vollendet. Minder reich im Geschmack jener Zeit ist die Seite nach dem Altan versiert, aber desto beladener ist die Façade gegen den Schlosshof. Zwischen den beiden unförmlichen Giebelaufsätzen, welche noch einmal auf der äussern Hauptwand angebracht sind, erscheint die Themis mit Schwert und Wage, sodann in vier Abtheilungen die Statuen der Ahnen des pfälzischen Hauses. Im Erdgeschosse befindet sich die neue, leere und kaum sehenswerthe Kapelle, welche ebenfalls Friedrich IV. angelegt hat. In demselben die *Graimberg'sche Sammlung*. Wer die Taxe aller Sehenswürdigkeiten gezahlt hat, entrichtet hier nichts.

Vor dem Friedrichsbau Eingang zum Keller mit dem Heidelberger Fasse, dabei Holzfigur Perkeo's, Hofnarr des Kurfürsten Karl Philipp (1720). Perkeo soll täglich mit 15 Flaschen seinen kostbaren Durst gestillt haben.

Nach Norden und links vom Friedrichsbau der **Neue Hof**, 1547 erbaut, nur geschichtlich interessant.

Unter einem rechten Winkel etwas südwestlich laufend schliesst sich dem Neuen Hof der **Otto-Heinrichs-Pallast** an, ein Prachtbau. Otto Heinrich, ein Fürst von grosser wissenschaftlicher Bildung und geläutertem Geschmack, liess diesen Pallast 1556 aufführen.

Abermals unter einem rechten Winkel zweigt ein bedeutender Bau ab, die **Oekonomie-Gebäude**, welche fast in der Mitte der Süd-Front in eine Säulenhalle mit Ziehbrunnen endigen, (1601) errichtet. Man sagt, die Säulen seien vom Palaste Karl d. Gr. zu Ingelheim gewesen. Gewiss ist, dass Kapitäle und Fussgestelle die Formen jener Zeit haben.

Gegenüber die Ruine des **Rupertusbaues**, vom Pfalzgrafen und deutschen Könige Ruprecht (1398—1410) erbaut.

Zunächst dem Ruprechtsbau der **Altebau**, auch **Rudolphsbau**, der älteste Theil des Schlosses mit goth. Erker, wahrscheinlich um 1298 erbaut. — Das daranstossende niedrige, längliche Gebäude ist die **alte Schlosskapelle** oder das **Bandhaus**, 1346 erbaut, und seit Einrichtung der neuen Kapelle in den sog. **Königssaal** verwandelt. Von der alten Kapelle wurde ein Theil zum Lagergebäude für das grosse Fass benutzt.

In der Verlängerung der Seite nach der Stadt und dem Fluss (Norden) geht in der Richtung stromabwärts(Westen) der **englische Bau**, Anlagen des unglücklichen Kurfürsten Friedrich V., die er im verhängnissvollen Jahre seiner Wahl zum Könige von Böhmen 1619 vollendete und zur Wohnung seiner Gemahlin, Elisabeth von England, bestimmte. Die Mauertrümmer werden von uraltem Epheu umrankt. Dieses Gebäude endet im **Dicken Thurm**. Er wurde 1689 von dem französischen General Mélac gesprengt. Unter dem Thurme und der Westfront der **Stückgarten**, einst Wall, jetzt schöne Promenade.

Auf der südwestl. Ecke der kleine **Ludwigsthurm**, ebenfalls von den Franzosen, aber bei dem zweiten Einfall 1693 zerstört. Vollständig erhalten ist der viereckige, schwere **Wartthurm** auf der Südfront mit dem Hauptthor des Schlosses, zu welchem eine Zugbrücke führt. Dieser Thurm an der Aussenseite mit zwei Löwen und mit zwei Schildknappen ausgestattet, ist durch Mauern mit dem auf der Südost-Ecke gelegenen runden gesprengten **Thurm** verbunden, dieser ging ebenfalls 1689 zu Grunde. Als Ruine nimmt er sich besonders malerisch aus, von ihm ab nordöstl. der Ludwigsbau, und von diesem zugängig der **Bibliotheksthurm**, der vermuthlich zum Haus-Archiv diente. Auf der nordöstl. Ecke der **Glockenthurm**, in der ersten Hälfte des 16. Jahrh. angelegt, 1689 und 1693 bedeutend beschädigt und 1764 vom Blitz entzündet und verbrannt.

Der Schlossgarten, mit seinen lieblichen Anlagen, auch einer freundlichen Restauration (Abds. 5 Uhr häufig Musik, 1 Uhr table d'hôte), gewährt von der grossartigen, von Bogen getragenen alten *Terrasse* treffliche Aussichten auf das Schloss, die Stadt und die Ebene bis zum Hardtgebirge.

20 Mn. höher vom Haupteingange des Schlosses liegen auf einem Vorsprunge des Geisberges die kaum sichtbaren Trümmer des *Alten Schlosses*, jetzt *Molkenkur (*Restaur.), mit umfassender Aussicht.

Noch $\frac{1}{2}$ Stunde höher, dem Fusswege folgend (Fahrweg $\frac{3}{4}$ St.), erreicht man den Königsstuhl oder *Kaiserstuhl*, 54? m., von dessen Warte sich ein umfassendes Landschaftsbild über Rhein- und Neckarthal, Hardtgebirge, Odenwald, Tauuus und Schwarzwald entfaltet. Worms, Mannheim, Speyer und das Strassburger Münster erkennt man deutlich. Wer den Königsstuhl nicht besteigt, wende sich von der Molkenkur auf dem neuen Fahrwege w. um den *Riesenstein* und an den Steinbrüchen vorbei zur *Kanzel (20 Mn.) und zum *Rondel (5 Mn.), zwei prächtigen Aussichtspunkten; weiter durch die *Wolfshöhle* nach dem Bahnhofe zurück (¹/₂ St.). — Schöner Ausflug (schattig) nach der Bergschlucht des Wolfbrunnens (Whs.), 1 St. ö. vom Neuen Schlosse, dem Lieblingsaufenthalte Friedrich's V., am Abhange des Königsstuhls, mit Forellenteichen.

Ausflüge. Zum *Heiligen Berg* 1 St. vom Bahnhof am Bairischen Hof vorbei zur Schwimmanstalt am Neckar nach *Neuenheim* ansteigend zum Philosophenweg, der sich auf halber Bergeshöhe hinzieht, mit prächtiger Aussicht auf das Neckarthal; und zur Bergeshöhe, von wo Tilly 1622 die Stadt beschoss. Nach Schwetzingen, mit der Bahn 20 Mn. (Gasthöfe: *Erbprinz, Hirsch* und *Adler* zunächst am Schlosseingange und *Hôtel Hassler* am Bahnhof), Städtchen mit 4000 Einw. Der grossartige *Garten*, im Versailler Geschmack des 18. Jahrh. eingerichtet, mit vielen Wasserkünsten, Tempeln und Bildsäulen; die *Wasserkünste* sind von Mitte April bis Mitte October täglich von Morgens bis Abends in Thätigkeit.

XXIII. Worms-Mannheim-Heidelberg.

43 *Kilm. Von Worms nach Ludwigshafen* 21 Kilm. Pfälzische Eisenbahn 40 Mn. 180, 120, 75 Pf. — *Ludwigshafen-Mannheim* 3 Kilm. (12 Züge täglich hin und 12 zurück) 12 Mn. Preise: 50, 30, 20 Pf. — *Von Mannheim nach Heidelberg* Badische Staatseisenbahn 19 Kilm. ¹/₂ St. 155, 105, 65 Pf.

Die Bahn geht von Worms (S. 80) in der Ebene nach S., r. das Gebirge der Hardt, nördliche Fortsetzung der Vogesen. Nachdem bei Bobenheim die hessisch-bairische Grenze überschritten, folgt Stat. Frankenthal (*Hôtel Kaufmann, Hôtel Otto*), durch einen 15 m. breiten, über eine Stunde langen schiffbaren Canal mit dem Rhein verbunden; Bauwerk des letzten Kurfürsten von der Pfalz. Beachtenswerth: die Klosterkirche rom. Stils, hinter der kathol. Kirche. Weiter Stat. Oggersheim, mit schöner Lorettokirche. In der Schiller-Strasse besagt eine Gedenktafel, dass Schiller 1782, nach der Flucht von Stuttgart, „der Dichtkunst in gewünschter Verborgenheit lebend", hier sein Trauerspiel Kabale und Liebe ausarbeitete. — Durch flache und einförmige, aber sehr fruchtbare Gegend nach Ludwigshafen, Station für Mannheim. Reisende nach Mannheim, Heidelberg etc. müssen hier umsteigen. (*Deutsches Haus; Hôtel Wolf* nahe dem Bahnhof, gleiche Preise, — empfehlenswerthe *Bahnhofs-Restauration*, meist vortrefflich Bier. — Actienbrauerei von Pschorr.) Ludwigshafen ist die ehemalige „Rheinschanze", der Brückenkopf der geschleiften Festung Mannheim. Neue bairische Stadt, 1843 gegründet, und durch die architectonisch kunstvolle

Eisenbahnbrücke mit dem gegenüberliegenden Mannheim in
engster Verbindung. Sie gewinnt als Handelsplatz immer mehr
an Bedeutung. Das 1850 gebaute *Werft* wird zu den schönsten
am Rhein gezählt, die neue *Eisenbahn-Brücke*, 1865 begonnen, 1867 im Herbst eröffnet, verbindet Ludwigshafen mit

Mannheim.

Gasthöfe: *Pfälzer Hof* im Centrum der Stadt; *Deutscher Hof* in der Nähe
des Theaters; *Hôtel Horn*; (zum schwarzen Löwen); *Drei Glocken*; *Hôtel Lands-
berg*; *Goldene Gans*; *Weisses Lamm*; *Badner Hof.*
Restaurationen: *Rosenstock* beim Kaufhaus; *Restauration* im Schlossgarten;
Arche Noah; *Goldener Pflug*; *Steiner*; *Zähringer Hof*; *Goldener Schwanen.*
Café's *mit Restauration: Café Français* beim Theater; *Café Netzfeld* (Heidel-
berger Strasse); *Café Wilz* gegenüber der Post.
Bierwirthschaften: *Maierhof*; *Rothes Schaaf*; *Wilder Mann*; *Eichbaum*
Alte Sonne etc.

Mannheim, hübsche badische Stadt mit 50,000 Einw. in
regelmässigen Quadraten erbaut und vom Rhein und Neckar
umgürtet und auf der Deltaspitze der beiden Wasserstrassen, ist
von der Natur durch seine Lage zum Stapelplatz des Verkehrs
von und nach Mitteldeutschland ausersehen.
Im August 1875 wurde der grosse Rheinhafen und der
Central-Güter-Bahnhof eingeweiht.
Das grossartige, 1720—1729 erbaute Schloss mit 535 m.
langer Vorderfront, soll vor dem Bombardement (1795), bei
welchem der grösste Theil des linken Flügels abbrannte, über
500 Zimmer enthalten haben; noch jetzt zählt es etwa 1500
Fenster. Im linken Flügel liegt die Kapelle mit der Fürsten-
gruft; der mittlere Theil ist als Residenz des Grossherzogs eingerichtet, r. in dem daranstossenden Bau die *Sammlungen : Alterthümer* (römische Denksteine, Ausgrabungen von Pompeji, ägyp-
tische Statuen, chinesische Figuren, etrurische Thongefässe, 12
Todtenkisten aus Alabaster von Volterra (Geschenk Papst Pius
IX.). Gratis geöffnet Mittwoch von 12—1 Uhr, sonst dem Gallerie-Diener Trinkgeld. — *Gemälde-Sammlung;* gratis geöffnet
Sonntag 11—1 und Mittwoch 10—12 und 2—4 Uhr, sonst dem
Gallerie-Diener Trinkgeld.
Die Naturalien-*Sammlung* ist in 6 Sälen des Erdgeschosses. Gratis geöffnet
den Sommer über von 11—12 Uhr, sonst gegen Trinkgeld.
Das Theater, ein ehemaliges Zeughaus, 1779 unter Karl
Theodor eröffnet, 1854—1856 innen völlig umgebaut und ver-
schönert, ist durch Schiller (dessen erste Stücke hier aufgeführt
wurden), wie auch durch Iffland und Dalberg berühmt, und ge-
hört jetzt zu den bessern Bühnen Süddeutschlands. Die letzten
Züge der Eisenbahn nach Heidelberg, Speyer, Mainz etc. warten
auf das Ende der Vorstellung. Vor dem Theater, auf dem
„Schillerplatz", Schiller's Standbild von Cauer, „errichtet aus

Beiträgen der Stadt Mannheim, der ersten Zeugin seines Ruhmes",
sagt die Inschrift; r. und l. davon die *Standbilder Iffland's* und
von Dalberg's. In der Nähe steht das Haus, in welchem Kotze-
bue von Sand 1819 ermordet wurde; beide sind auf dem luth.
Begräbnissplatze nebeneinander beerdigt.

Spaziergänge und Ausflüge. Im schönen Schlossgarten, auf dem Rhein-
damm; Neckarauer Wald. —
Nach Schwetzingen 14 Kilm. 9 Mn. 115, 75, 50 Pf. (s. S. 89).

Von Mannheim mit der Badischen Staats-Eisenbahn in der
Richtung nach S.-W., r. läuft anfangs die Bahn nach *Schwetzingen*, zur Station *Friedrichsfeld* (S. 86), und nach Heidelberg (S. 86).

Namen-Verzeichniss.

O. Pätz'sche Buchdruckerei (Otto Hauthal) in Naumburg a. S.